Cocteles de Latinoamérica

**Las más deliciosas bebidas
y entremeses de nuestros países**

la buena estrella
ediciones

Cocteles de Latinoamérica

D. R. © La Buena Estrella Ediciones, S.A. de C.V.
Amado Nervo 53, col. Moderna
México D.F. 03510

Licencia editorial para Bookspan por cortesía de
La Buena Estrella Ediciones, S.A. de C.V.

Bookspan
501 Franklin Avenue
Garden City, NY 11530

ISBN: 978-0-7394-9835-4

Compilador: La Buena Estrella Ediciones
Fotografía y diseño gráfico: Enrique Beltrán Brozon
Formación: Ana María Rojas Moreno y Patricia Lozano Palestina
Corrección y redacción: Mario Enrique Figueroa, Rafael Cervantes Aguilar y Josefina Flores
    Estrella
Producción: Mariana Vera Brozon, Enrique Beltrán Gutiérrez
Coordinadores: Antonio Hernández Estrella y Enrique Beltrán Brozon

Agradecimientos:

Miriam Fabiancic, Raymundo Montoya Rodríguez, Raymundo Montoya Aguilar, Enrique Ferado,
Agustín Ramírez Estrella por las facilidades para realizar el libro.

Impreso en U.S.A

Contenido

Puerto Rico 199

República Dominicana 209

Uruguay 219

Venezuela 227

Introducción

Los latinoamericanos que vivimos en los Estados Unidos hemos aprendido a conservar nuestras tradiciones y costumbres, enriqueciendo con ello la vida y la cultura del país que nos ha acogido. La gastronomía es parte de la tradición de cada país, la manera especial en que cada pueblo decide apagar su sed es un elemento fundamental de su cultura. Ciertamente, beber agua es el camino más fácil de satisfacer la necesidad que todos tenemos del vital líquido. Pero los latinos llenamos de sabor y colorido todas nuestras acciones incluida, por supuesto, la preparación de un trago. Así, amenizamos y llenamos de alegría no sólo el solitario reposo vespertino despúes del trabajo, sino las concurridas reuniones familiares, o los multitudinarios festejos en los que participan pueblos enteros. Por esta razón hemos diseñado el más novedoso libro de coctelería latinoamericana. En él emprendemos un viaje desde la Patagonia hasta el río Bravo. Atravesamos, con una copa de vino chileno o argentino, las llanuras sudamericanas, nos remontamos a los paisajes emblemáticos del pisco peruano, nos adentramos en la selva amazónica refrescados con cachaza o curasao, embarcamos hacia las islas del Caribe con mojitos en la mano, arribamos a México en donde brindamos con un tequila, no sin antes cruzar los intrincados paisajes centroamericanos. En este libro encontrará las recetas para preparar todo tipo de cocteles de 20 países latinoamericanos: Argentina, Bolivia, Brasil, Chile, Colombia, Costa Rica, Cuba, Ecuador, El Salvador, Guatemala, Honduras, México, Nicaragua, Panamá, Paraguay, Perú, Puerto Rico, República Dominicana, Uruguay y Venezuela.

Este libro contiene las recetas claras, paso a paso, para preparar cocteles con alcohol. Pero también ofrece una alternativa saludable para elaborar bebidas sin alcohol para que toda la familia prepare y disfrute el sabor y el aroma de la inigualable variedad de frutas de nuestra Latinoamérica. En cada capítulo encontrará una breve descripción del país correspondiente que contiene, además de su ubicación geográfica, la descripción de algunas de sus costumbres, cultura y gastronomía. Hemos incluido también, para no quedarnos con hambre y acompañar nuestras bebidas, recetas de algunos platos típicos de cada país. Finalmente, usted encontrará un glosario de las especies e ingredientes cuyas denominaciones varían según la región con su respectiva equivalencia en inglés.

Bienvenido a esta deliciosa y enriquecedora experiencia gastronómica y cultural. ¡A brindar!

Argentina

Tango, vino y buen futbol son algunas de las primeras cosas que uno piensa cuando se nombra este hermoso país sudamericano. Argentina tiene una enorme extensión territorial que comprende las extensas pampas (llanura), además de mesetas, sierras y montañas. Limita con Uruguay, Brasil, Paraguay, Bolivia y Chile. El arte, la arquitectura y el estilo de vida de los argentinos son el resultado de diversas influencias, de la fusión de varias culturas, especialmente europeas, debido a la enorme ola de inmigrantes italianos, españoles, alemanes, rusos, etc. que en gran medida poblaron el país en el siglo pasado. Buenos Aires, su imponente capital, es un importante centro cultural que cuenta con un sinfín de museos y galerías de arte. Argentina ha dado al mundo de la literatura autores de la talla de Jorge Luis Borges, Alfonsina Storni, Julio Cortázar, Silvina Bullrich, Manuel Puig y Osvaldo Soriano. El tango y el folclor son dos de los géneros musicales más representativos de esta nación. El deporte más popular de Argentina, sin duda alguna, es el futbol; el Boca Juniors y el River Plate, rivales tradicionales, son los dos equipos más destacados del país. Un elemento importante de la alimentación de los argentinos es la carne vacuna, la forma típica de prepararla es el "asado" o barbacoa. Su elaboración representa todo un ritual que reúne a familiares y amigos. Otro ingrediente importante de la cocina argentina es la pasta, resultado de la influencia italiana en su gastronomía. La forma más común es el spaghetti, al que los argentinos llaman "fideos", pero también son populares los "ñoquis", los "sorrentinos", los "canelones" y la "lasaña". Asimismo se pueden degustar pizzas exquisitas, incluidas variedades locales, como la pizza de choclo (maíz desgranado). El postre, bien puede ser un alfajor, uno de los dulces tradicionales, que consiste en dos discos de masa rellenos con dulce de leche y recubiertos con azúcar o chocolate, o el flan con dulce de leche. A pesar de que, en los últimos años, Argentina se ha convertido en uno de los máximos productores de vino de América, su bebida típica sigue siendo la infusión de yerba mate.

Bebidas con alcohol

Batido de Gancia

Rinde: 1 vaso
Tiempo: 5 minutos

🎲 Un clásico para disfrutar en todo momento.

Ingredientes:

- 🍸 3 medidas de **Gancia** (3 oz)
- 🍸 jugo de un limón
- 🍸 ½ cucharada de azúcar
- 🍸 hielo

Preparación:

🎲 Poner hielo en una coctelera, agregar el Gancia, el jugo de limón y el azúcar. Batir 30 segundos. Servir en un vaso de coctel.

Clericot

Rinde: 12 copas
Tiempo: 30 minutos

Ingredientes

- 🍸 2 litros de vino tinto (aprox. ½ galón)
- 🍸 6 duraznos
- 🍸 1 naranja
- 🍸 1 manzana
- 🍸 100 gr de frutillas (aprox. 1½ oz)
- 🍸 3 plátanos o bananas
- 🍸 jugo de un limón
- 🍸 jugo de una naranja
- 🍸 hielo

Preparación

🎲 Pelar la frutas. Cortar las bananas en rodajas y las otras frutas en dados pequeños. Lavar las frutillas y sacarles el cabito. Colocar la fruta en una jarra o ponchera de cristal, agregar el hielo y el vino. Esta bebida es excelente para un día caluroso.

Destornillador

Rinde: 1 vaso
Tiempo: 5 minutos

Ingredientes:

- Y 2 medidas de vodka (2 oz)
- Y 6 medidas de jugo de naranja (6 oz)
- Y 1 rodaja de naranja para adornar

Preparación:

- 🎲 Poner hielo en un vaso y verter los ingredientes.
- 🎲 Decorar con la rodaja de naranja.

Dry Martini

Rinde: 1 copa
Tiempo: 5 minutos

Ingredientes:

- Y 1 medida de ginebra (1 oz)
- Y 3 gotas de vermouth blanco seco
- Y 1 aceituna
- Y hielo

Preparación:

- 🎲 Mezclar los ingredientes utilizando una coctelera. Servir en una copa de coctel y adornar con la aceituna.

Fernet cola

Rinde: 1 vaso
Tiempo: 2 minutos

Ingredientes:

- Y   1 medida de Fernet
- Y   1 refresco de cola de 250 ml (aprox. 8 oz)
- Y   hielo

Preparación:

🎲 En un vaso alto colocar el hielo, añadir 80 % del Fernet. Verter el refresco de cola con el vaso inclinado para evitar que se forme espuma. Agregar el Fernet restante para reducir la espuma que resulte.

Gin Tonic

Rinde: 1 vaso
Tiempo: 5 minutos

Ingredientes:

- Y   ½ vaso de ginebra seca (aprox. 4 oz)
- Y   1 medida de **agua tónica** (1 oz)
- Y   1 rodaja de limón
- Y   hielo

Preparación:

🎲 Colocar el hielo y el limón en un vaso, verter la ginebra con el agua tónica, revolver con un mezclador.

Licor de naranja

Rinde: 12 vasos
Tiempo: 20 minutos, 12 horas y 17 días de reposo

Ingredientes:

- 1 naranja
- ½ botella de alcohol refinado
- 1 kg de azúcar (aprox. 2 lb)
- 1 litro de agua (aprox. ¼ de gal)

Preparación:

- Poner el alcohol en un frasco de boca ancha, sujetar la naranja de manera que quede colgando un cuarto de pulgada por encima del alcohol. Tapar el frasco y dejar reposar 17 días.

- Después de ese tiempo, disolver el azúcar en agua hirviendo y dejar reposar 12 horas. Mezclar el alcohol del frasco con el agua. Servir.

Manhattan

Rinde: 1 copa
Tiempo: 5 minutos

Ingredientes:

- 3 medidas de whisky canadiense (3 oz)
- 1 medida de vermouth seco (1 oz)
- 3 gotas de Angostura
- 1 aceituna verde
- corteza de limón

Preparación:

- En un vaso grande mezclar todos los ingredientes. Servir en una copa de coctel. Decorar con una espiral de corteza de limón.

- Ideal para tomar como aperitivo, puede ser seco o dulce según el tipo de vermouth que se utilice.

Martínez

Rinde: 1 copa
Tiempo: 5 minutos

Ingredientes:

- ½ medida de ginebra (½ oz)
- ½ medida de vermouth francés (½ oz)
- 3 cucharadas de curasao
- 3 cucharadas de jugo de naranja

Preparación:

- Colocar todos los ingredientes en un vaso mezclador con hielo. Revolver y servir en una copa de coctel.

Mimosa

Rinde: 1 copa
Tiempo: 2 minutos

Ingredientes:

- ⅊ 3 medidas de jugo de naranja (3 oz)
- ⅊ 1 medida de champán (1 oz)

Preparación:

- ⚁ En una copa helada de champán mezcle ambos ingredientes. Está listo. Servir.
- ⚁ Es un coctel ideal para eventos matutinos.

Vermouth con naranja

Rinde: 1 vaso
Tiempo: 5 minutos

Ingredientes:

- ⅊ 2 medidas de vermouth rojo (2 oz)
- ⅊ 2 medidas de jugo de naranja (2 oz)
- ⅊ cáscaras de limón
- ⅊ hielo

Preparación:

- ⚁ Mezclar el vermouth con el jugo de naranja. Servir acompañado de cascaritas de limón en un vaso con hielo.
- ⚁ Para después de la comida es un buen digestivo.

Arrope de tuna

Rinde: 5 vasos
Tiempo: 45 minutos

Ingredientes

- 2 kg de **tunas** (aprox. 4 lib)
- 3 tazas de agua

Preparación

Pelar las tunas, cortarlas en trozos y colocarlas en una olla de cobre. Cubrirlas con el agua y cocinar, revolviendo con una cuchara, hasta que las tunas estén deshechas. Colar y cocinar de nuevo el líquido, hasta que adopte un color oscuro.

Jugo de frutas

Rinde: 1 copa
Tiempo: 5 minutos

Ingredientes

- 1 manzana o pera, o
- ½ taza de piña o
- 1 durazno o
- 1 mandarina o
- 1 naranja o
- ½ taza de sandía
- hielo

Preparación

Cortar la fruta en trozos, colocarla en la licuadora con hielo y licuar. Servir y consumir inmediatamente. En el caso de mandarina o naranja, extraer el zumo, colarlo y acompañarlo con hielo.

Mate

Rinde: 1 taza
Tiempo: 5 minutos

Ingredientes:

Y   yerba mate, cantidad necesaria según el recipiente

Y   agua caliente (nunca debe estar hirviendo)

Preparación:

▥   Las hojas secas y trituradas de yerba se colocan dentro del recipiente. Se agrega el agua caliente. Este procedimiento es conocido como "cebar mate". La infusión obtenida se succiona a través de una pequeña caña metálica llamada "bombilla". La bombilla tiene un filtro desmontable que mantiene las hojas trituradas en el recipiente.

Tereré

Rinde: 1 vaso
Tiempo: 5 minutos

Ingredientes

- Ⓨ yerba mate (la cantidad varía, según el tamaño del recipiente)
- Ⓨ agua helada
- Ⓨ hielo

Preparación

🎲 Llenar con yerba las 2/3 partes del mate o calabacín. Colocar la bombilla en el mate y agregar agua helada y hielo.

20

Plato de carnes frías

Rinde: 12 porciones
Tiempo: 10 minutos

Ingredientes:

- Ⓨ 100 gr de **salami** (aprox. 3.5 oz)
- Ⓨ 100 gr de **longaniza** (aprox. 3.5 oz)
- Ⓨ 100 gr de **mortadela** (aprox. 3.5 oz)
- Ⓨ 100 gr de **milanesa** cortada en cuadritos (aprox. 3.5 oz)
- Ⓨ 1 lata de aceitunas negras o verdes
- Ⓨ 250 gr de papas fritas (aprox. 9 oz)

Preparación:

- 🎲 Colocar los ingredientes en varios platitos y servir en una bandeja.

Tabla de quesos

Rinde: 6 porciones
Tiempo: 5 minutos

Ingredientes:

- Ⓨ queso Mar del Plata y queso port-salut

Preparación:

- 🎲 Colocar los quesos en una tabla para queso y acompañar con lonjas de pan.

Glosario

agua tónica: tonic seltzer

Gancia: Italian bitter liqueur

longaniza: sausage

milanesa: breaded meat fillet

tuna: fruit of cactus or nopal

yerba mate: mate leaves

Bolivia

Cerveza, vino y chicha son las bebidas tradicionales de este bello país andino. Bolivia recibió su nombre en homenaje al libertador de América, Simón Bolívar. Está situado en el centro de América del Sur. Limita al norte y al este con Brasil, al sureste con Paraguay, al sur con Argentina, al suroeste con Chile y al noroeste con Perú. Bolivia es famoso por su gran riqueza mineral, de sus minas salió la plata que codiciaron los primeros conquistadores españoles. Además, Bolivia cuenta con la segunda mayor reserva de gas natural en América del Sur, y tiene considerables yacimientos petrolíferos. Durante la época prehispánica fue parte del Imperio Inca. Hoy en día su población es mayoritariamente indígena y el quechua uno de los idiomas oficiales junto con el español. Los bolivianos son gente amable y cordial que conserva muchas costumbres prehispánicas, algunas de las cuales, al contacto con la cultura española, generaron nuevas formas culturales que hoy se reflejan en la vida boliviana, como lo demuestran su comida y su folclor. Las diversas festividades bolivianas evocan esa mezcla de dos culturas. Se cree que en la Isla del Sol, del lago Titicaca, fue donde nació el Sol. En ella se realiza una celebración milenaria con música y bailes. Otras importantes celebraciones son el Carnaval de Oruro, la danza de los Caporales y la fiesta de San Pedro. La música es muy importante en los festivales bolivianos. En las fiestas se tocan zampoñas (fabricadas con caña de azúcar), tambores, maracas (sonajeros hechos con calabazas secas llenas de semillas que suenan al agitarse) e instrumentos de bronce.

Aero club

Rinde: 1 copa
Tiempo: 5 minutos

Ingredientes:

- 1 medida de brandy apricot (1 oz)
- 1 medida de ginebra (1 oz)
- 1 medida de vermouth torino (1 oz)
- 1 aceituna para adornar

Preparación:

Colocar los ingredientes en un vaso mezclador con hielo. Mezclar bien y servir en una copa coctelera con una aceituna.

Agua de Valencia

Rinde: 8 vasos
Tiempo: 15 minutos

Ingredientes:

- jugo de 10 naranjas
- ½ botella de cava (brut o semi)
- 1 medida de ron (1 oz)
- 1 medida de ginebra (1 oz)
- 1 medida de Cointreau (1 oz)
- 10 cucharaditas de azúcar
- hielo

Preparación:

En una jarra poner la media botella de cava, añadir la ginebra, el ron y el Cointreau. Agregar el jugo de naranja recién exprimido, hasta completar la jarra. Añadir el azúcar. Mezclar bien, agregar más hielo. Servir frío en vaso alto. Es importante usar siempre alcohol blanco. Es posible sustituir la ginebra por vodka.

24

Alta sociedad

Rinde: 1 vaso
Tiempo: 5 minutos

Ingredientes:

- 1 medida de brandy (1 oz)
- 1 cucharadita de jugo de limón (1 oz)
- 1 cucharada de azúcar
- **Soda**, cantidad necesaria (aprox. 8 oz)
- ½ rodaja de limón

Preparación:

Verter en un vaso el brandy, el jugo de limón y el azúcar, completar con soda. Decorar con media rodaja de limón.

Amapola

Rinde: 1 copa
Tiempo: 5 minutos

Ingredientes:

- ½ medida de Gancia (½ oz)
- ½ medida de Dubonnet (½ oz)
- 1 medida de coñac (1 oz)
- hielo

Preparación:

Verter todos los ingredientes en un vaso mezclador. Mezclar bien. Servir en una copa de coctel con hielo.

Ananá al moscato

Rinde: 4 vasos
Tiempo: 5 minutos

Ingredientes:

- ½ litro de vino moscato (aprox. 16 oz)
- 2 rodajas de **ananá**
- 1 vaso de soda (aprox. 8 oz)
- azúcar al gusto
- hielo

Preparación:

Licuar el vino y el ananá. Al momento de servir en un vaso alto, añadir la soda, el azúcar y un poco de hielo.

Ananá cooler

Rinde: 3 copas
Tiempo: 5 minutos

Ingredientes:

- 6 medidas de vino blanco helado (6 oz)
- 6 medidas de jugo de piña o **ananá** (6 oz)
- 1 medida de jugo de limón (1 oz)
- 1 cucharadita de azúcar
- soda, cantidad necesaria
- 1 espiral de piel de limón
- hielo

Preparación:

Mezclar todos los ingredientes, menos el espiral de limón, en una coctelera con hielo picado. Agitar bien, colar y servir en una copa de coctel. Adornar con la espiral de limón.

Ananá fizz

Rinde: 8 copas
Tiempo: 5 minutos

Ingredientes:

- 2 latas de pulpa de ananá
- 1 botella de champán o sidra
- ½ litro de vino blanco (aprox. 16 oz)
- 1 vaso de vermouth (aprox. 8 oz)
- 3 cucharada de azúcar

Preparación:

- Colocar todos los ingredientes en la licuadora, mezclar y servir bien frío en una copa cocteleral.

Anana´s bowl

Rinde: 20 copas
Tiempo: 10 minutos, más 12 horas de reposo

- Agregar las botellas de vino y las de champán, previamente heladas. Revolver con una cuchara y servir.

Ingredientes:

- 1 ananá bien madura
- 400 gr de azúcar (aprox. 14 oz)
- 4 botellas de vino blanco
- 2 botellas de champán

Preparación:

- Pelar el ananá, cortar rebanadas y dividirlas en mitades. Colocar los trozos de ananá en una ponchera. Cubrir con el azúcar y dejar en reposo por 12 hrs.

Cerveza casera

Rinde: 30 vasos
Tiempo: 6 horas, más 10 días de fermentación

Ingredientes:

- 10 litros de agua (aprox. 2½ gal)
- 13 gr de levadura de cerveza (aprox. ½ oz)
- 13 gr de lúpulo (aprox. ½ oz)
- 500 gr de cebada (aprox. 18 oz)
- 500 gr de azúcar (aprox. 18 oz)
- 250 gr de maíz amarillo (aprox. 9 oz)

Preparación:

- En un cazo grande poner el agua, la cebada y el maíz amarillo. Dejar en remojo durante 4 hrs. Agregar el azúcar y el lúpulo. Hervir durante 2 hrs. Retirar del fuego. Diluir la levadura en un poco agua. Agregar la levadura al agua mientras esté aún tibia. Tapar la olla y dejar reposar en un lugar fresco durante 48 hrs. para que fermente. Transcurrido ese tiempo, colar el líquido con un tejido o malla de hilo espeso, envasar en botellas y sellar herméticamente. Guardar en un lugar fresco y a la sombra. A los 6 días está lista para beber.

- Para obtener cerveza negra, tostar la mitad de la cebada.

Chicha dorada

Rinde: 1 copa
Tiempo: 5 minutos

Ingredientes:

- Y 2 medidas de ginebra seca (2 oz)
- Y 1 medida de granadina (1 oz)
- Y 1 medida de jugo de limón (1 oz)
- Y 1 medida de Calvados (1 oz)
- Y 1 clara de huevo

Preparación:

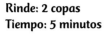 Batir los ingredientes en una coctelera con hielo. Servir en copas de cava ancha.

Flor de primavera

Rinde: 2 copas
Tiempo: 5 minutos

Ingredientes

- Y 1 medida de jugo de ananá (1 oz)
- Y 1 medida de jugo de frutilla (1 oz)
- Y 2 medidas de champán (2 oz)
- Y 1 medida de ron (1 oz)

Preparación

Batir los ingredientes en una coctelera y servir con hielo.

Gancia

Rinde: 12 vasos
Tiempo: 2 horas, más 30 días de reposo

Ingredientes:

- Y 1 litro de alcohol (aprox. ¼ gal)
- Y 4 litros de agua (aprox. 1 gal)
- Y 15 clavos de olor
- Y 800 gr de azúcar (aprox. 2 lb)
- Y 6 naranjas
- Y 1 ramita de romero

Preparación:

- En una **damajuana** de 5 litros, previamente esterilizada, colocar el agua, el alcohol (etílico o aguardiente, mientras más fino, mejor), los clavos de olor, el azúcar, los trozos de cáscara de naranja y la rama de romero. Tapar bien y dejar macerar 30 días. Pasado ese tiempo filtrar el líquido por un paño y embotellar.

Naranjas al moscato

Rinde: 4 vasos
Tiempo: 5 minutos

Ingredientes:

- Y jugo de 3 o 4 naranjas
- Y ½ litro de vino moscato
- Y azúcar al gusto
- Y hielo en trozo

Preparación:

- Licuar todos los ingredientes y servir con hielo en un vaso alto.

Ozono

Rinde: 1 vaso
Tiempo: 5 minutos

Ingredientes:

- ⅄ 1 medida de amaretto (1 oz)
- ⅄ 1 cerveza fría
- ⅄ 1 medida de Sweet & Sour mix (1 oz)
- ⅄ 1 cucharadita de refresco de lima-limón
- ⅄ hielo

Preparación:

- 🎲 Llenar un vaso de coctel con hielo, añadir el Amaretto, la cerveza, el Sweet & Sour mix y por último el refresco. Revolver ligeramente y servir.

Agua de arroz con jugo de fruta

Rinde: 8 vasos
Tiempo: 1 hora

Ingredientes:

- Y 1 taza de arroz lavado
- Y 8 tazas de agua
- Y azúcar al gusto
- Y 2 vasos de jugo de cualquier fruta

Preparación:

- Hervir el arroz en el agua hasta que el grano casi desaparezca. Retirar del fuego, dejar enfriar y pasar por un colador. Mezclar ese agua con el jugo de la fruta escogida. Agregar azúcar al gusto. Servir con hielo.

Bebida de frutas refrescante

Rinde: 15 vasos
Tiempo: 40 minutos

Ingredientes:

- ☙ 1 melón
- ☙ ½ kg de uva blanca
- ☙ 1 vaso de jugo de limón (aprox. 8 oz)
- ☙ 1 litro de té (¼ de galón)
- ☙ 2-3 cucharadas de azúcar
- ☙ 1 racimo de uva negra

Preparación:

☙ Quitar la piel y las semillas de las uvas y pasar por la licuadora junto con la mitad de la pulpa del melón.

Cortar el resto del melón en bolitas. Colar el té y, antes de que esté del todo frío, agregar el jugo de limón y el azúcar, mezclando bien para que el azúcar se disuelva. Poner en una ponchera el licuado de frutas y agregar el té. Al servir, añadir las bolitas de melón y las uvas negras sin piel ni semillas.

☙ Mantener en hielo para servir bien frío o añadir cubitos de hielo al servir.

☙ Para quitar la sed conviene no endulzar demasiado los jugos de fruta.

Cenicienta

Rinde: 1 vaso
Tiempo: 15 minutos

Ingredientes:

- 1 medida de jugo de limón (1 oz)
- 1 medida de jugo de naranja (1 oz)
- 2 medidas de jugo de piña (2 oz)
- rodajas de limón y de naranja
- 3 trozos de ananá
- 1 guinda
- hielo

Preparación:

Poner los jugos en una coctelera con hielo. Agitar para que se mezclen. Servir en vaso ancho con rodajas de limón y de naranja, tres dados de ananá y una guinda en almíbar.

Coctel club

Rinde: 1 vaso
Tiempo: 5 minutos

Ingredientes:

- 1 terrón de azúcar superfino
- 2 gotas de Angostura
- cáscara de un limón cortada en espiral
- soda casi congelada, cantidad necesaria
- hielo

Preparación:

Colocar el terrón de azúcar en el vaso o en la copa en que se servirá. Añadir la Angostura, la cáscara del limón y el hielo; por último, incorporar la soda.

Granizado de naranja

Rinde: 5 vasos
Tiempo: 2 horas

Ingredientes:

- 2 vasos de jugo de naranja (aprox. 16 oz)
- 2 vasos de agua (aprox. 16 oz)
- 2 vasos de azúcar (aprox. 16 oz)

Preparación:

Hervir dos vasos de agua con uno de azúcar durante diez minutos a fuego lento. Cuando se ha enfriado, incorporar el jugo de naranja, dejar un tiempo en el congelador. Una vez que el líquido empiece a cristalizar, batirlo y regresarlo al congelador hasta que se congele completamente. Servir.

Jugos de cereza con frutilla

Rinde: 4 vasos
Tiempo: 20 minutos

Ingredientes:

- 1 medida de jugo de limón (1 oz)
- 150 gr de frutillas o fresas (aprox. 5 oz)
- 300 gr de cerezas (aprox. 10 oz)
- 2 vasos de agua (aprox. 16 oz)
- 10 cucharadas de azúcar

Preparación:

Lavar las frutillas. Deshuesar las cerezas. En la licuadora batir todo junto con el azúcar, dos vasos de agua fría y el jugo de medio limón. Servir con hielo.

Y para acompañar...

Humitas

Rinde: 20 porciones
Tiempo: 2 horas

Ingredientes:

- 4 tazas de **choclo** molido
- ¾ de taza de **manteca** caliente
- 5 cucharadas de **ají colorado** molido y frito
- 2 cucharadas de azúcar
- 1 cucharadita de **anís**
- 100 gr de queso criollo cortado en láminas (aprox. 3 oz)
- sal al gusto

Preparación

Retirar las hojas del choclo. Guardar las chalas (las hojas más tiernas del choclo) para envolver las humitas. Calentar la manteca, sofreír el ají colorado. Agregar el choclo molido, el anís, el azúcar y la sal y terminar de cocinar cinco minutos o hasta que la mezcla se espese. Mezclar bien. Lavar las chalas del choclo y rellenar con la mezcla anterior. Poner una o dos láminas de queso en cada una. Cerrar las humitas. Hornear a 180° por 30 minutos, o hasta que estén doradas.

Pucacapas

Rinde: 20 porciones
Tiempo: 2 horas

Ingredientes:

Para la masa:

- Y 4 tazas de harina
- Y 4 yemas de huevo
- Y 1 cucharita de sal
- Y 3 cucharitas de polvo para hornear
- Y 4 cucharadas de manteca o margarina
- Y 2 cucharadas de azúcar
- Y un poco de leche tibia

Para el jigote o relleno:

- Y 1 plato de cebolla picada
- Y 1 kg de queso rallado
- Y 3 cucharadas de ají colorado
- Y ½ taza de aceite
- Y sal, comino y pimienta al gusto

Preparación:

Para la masa:

- 🎲 Batir las yemas del huevo hasta que tengan una consistencia espesa. Agregar la manteca o margarina sin dejar de batir. Mezclar la harina con el polvo para hornear, el azúcar y la sal. Unir la mezcla de yemas y manteca con la harina. Formar una masa suave utilizando la leche para humedecer.

- 🎲 Estirar la masa con el uslero o rodillo. Cortar círculos medianos de aproximadamente 10 cm (aprox. 4'')

Para el relleno:

- 🎲 En una olla pequeña sofreír la cebolla en aceite caliente, agregar dos cucharadas de ají, el comino, la pimienta y la sal. Dejar cocer por unos minutos. Añadir perejil, **quilquiña**, **huacataya** y orégano. Mezclar este preparado con el queso rallado y el aceite en una fuente.

Para armar las pucacapas:

- 🎲 Colocar una cucharada de relleno en los círculos ya elaborados. Pintar el contorno con la clara de huevo pare evitar que se derrame el relleno. Cubrir con otro círculo y presionar finamente con los pulgares todo el contorno.

- 🎲 Con el resto del ají, pintar abundantemente la parte superior de la masa. Hornear a 180° de 20 a 30 minutos.

- 🎲 Servir bien calientes.

Glosario

ají colorado: red chilli pepper

ananá (piña): pineapple

anís: anise

Calvados: spirit distilled from apple cider

cava (brut o semi): sparkling wine

cebada: barley

champán: champagne

choclo (elote) molido: shredded sweet corn

clavos de olor: cloves

comino: cumin

damajuana: botellón de vidrio, por lo general de un galón o más de capacidad

granadina: grenadine

huacataya, suico: *Tagetes mandonni*

levadura de cerveza: yeast

lúpulo: hops

maíz amarillo: sweet corn

manteca: butter

pimienta: black pepper

pomelo: grapefruit

queso criollo: yellow cheese (similar to munster)

quilquiña, pápalo: bolivian coriander

romero: rosemary

sidra: cider

soda: club soda

Brasil

Brasil es el quinto país más grande del mundo, pues ocupa casi la mitad del territorio de América del Sur. Limita al este con el océano Atlántico, al norte y al sur con casi todos los países del área, excepto con Chile y Ecuador. Brasil tiene bajo su resguardo la selva del Amazonas, uno de los pulmones del planeta.

Este país atesora costumbres indígenas, europeas, africanas, asiáticas y árabes. Cada uno de estos grupos aportó elementos para crear lo que hoy conocemos como la rica y diversa cultura brasileña. Brasil, con su inmenso territorio, ofrece al mundo su imponente naturaleza, el ritmo de danzas como el candomblé, los cantos a Yoruba, los exóticos sabores de su comida, el frenesí del Carnaval, sus magníficas playas, sus extensos desiertos y su mundialmente afamado futbol. La música brasileña es riquísima y muy distintiva. Entre sus principales ritmos destacan el bossa nova y la samba. Los sabores de la gastronomía brasileña son un fiel reflejo de su diversidad cultural. Sus ingredientes básicos son arroz, frijoles pintos, harina de yuca, pescado, coco en todas sus presentaciones, frutas exóticas y una gran variedad de verduras. Los platillos varían según la región y combinan influencias portuguesas, africanas y francesas. El "cafezinho" (café) no puede faltar en las casas, se sirve cargado y con azúcar. Sus bebidas nacionales son la cachaza y la pinga (aguardiente) así como la caipirinha, el coctel brasileño por excelencia.

Batida de amendoim
(maní, cacahuate, peanut)

Rinde: 10 vasos
Tiempo: 5 minutos

Ingredientes:

- Y 1 lata de leche condensada
- Y 5 medidas de cachaza (5 oz)
- Y 1 taza de **maní tostado molido**
- Y 1 taza de hielo picado

Preparación:

- Licuar todos los ingredientes y servir en vasos pequeños.

Batida de coco

Rinde: 1 vaso
Tiempo: 5 minutos

Ingredientes:

- Y 1 medida de cachaza (1 oz)
- Y 2 medidas de crema de coco o leche (2 oz)
- Y hielo

Preparación:

- Licuar todos los ingredientes y servir en una copa alta o vaso pequeño.

Batida de cupuaçu
o Batida de graviola (guanábana)

Rinde: 1 vaso
Tiempo: 5 minutos

Ingredientes:

- 2 medidas de jugo de **guanábana** (2 oz)
- 1 medida de cachaza (1 oz)
- 1 chorrito de crema de leche
- 2 cubos de hielo picado

Preparación:

- Batir los ingredientes en una coctelera y servir.

Batida de maracujá (maracuyá)

Rinde: 1 copa
Tiempo: 10 minutos

Ingredientes:

- 1 medida de cachaza (1 oz)
- ½ medida de jugo de **maracuyá** (½ oz)
- 1 ramita de menta
- hielo picado
- azúcar al gusto

Preparación:

- Licuar todos los ingredientes y servir en copa coctelera sobre una ramita de menta machacada.

Batida de milho verde
(maíz verde, choclo, elote)

Rinde: 5 vasos
Tiempo: 15 minutos

Ingredientes:

- 1 lata pequeña de **maíz dulce desgranado**
- ½ botella de cachaza
- 2 cucharadas de leche condensada
- hielo picado, cantidad necesaria

Preparación:

- Licuar los ingredientes, colar y agregar hielo picado al gusto. Servir en un vaso corto con hielo.

Brasilero

Rinde: 2 vasos
Tiempo: 15 minutos, más 2 horas de reposo

Ingredientes:

- 1 melón dulce o
- 1 **sandía** pequeña
- ½ vaso de ron (aprox. 4 oz)
- ½ vaso de champán (aprox. 4 oz)

Preparación:

- Cortar una tapa del melón, desechar las semillas, sacar la pulpa y cortarla en cuadritos. Hacer un corte en forma de sierra en el borde de la tapa, incorporar los cuadritos.

- Añadir el ron, tapar y dejar reposar en refrigeración 2 horas. Antes de servir, completar con el champán y colocar un par de popotes o pitillos.

Caipirinha

Rinde: 1 vaso
Tiempo: 15 minutos

Ingredientes:

- 2 medidas de cachaza (2 oz)
- 1 **lima**
- azúcar al gusto
- hielo al gusto

Preparación:

Lavar la lima y amasarla para aflojar el jugo. Cortarla en pedacitos y colocarla en un vaso. Rociar con el azúcar y macerar los pedacitos de lima con la pulpa hacia arriba, sólo lo suficiente para sacar el jugo, de lo contrario, se hace amargo. Agregar la cachaza y revolver. Agregar el hielo y revolver nuevamente. Servir.

Caipirinha de tangerina (mandarina)

Rinde: 1 vaso
Tiempo: 15 minutos

Ingredientes:

- ½ mandarina muy dulce
- 2 medidas de cachaza (2 oz)
- azúcar al gusto
- hielo en cubos, al gusto

Preparación:

Pelar la mandarina, cortarla en cuadritos y colocarla en un vaso bajo. Rociar con el azúcar y macerar con un mortero. Agregar la cachaza y revolver. Añadir el hielo y revolver nuevamente.

Capoeira

Rinde: 3 vasos
Tiempo: 10 minutos

Ingredientes:

- Y 1 lata de leche condensada
- Y 1 lata de leche de coco
- Y ½ vaso de crema de cacao (aprox. 4 oz)
- Y ½ copa de coñac

Preparación:

- Mezclar todos los ingredientes en una licuadora hasta obtener una mezcla suave y homogénea. Agregar hielo picado y servir en vasos pequeños.

Dryquirinha

Rinde: 1 vaso
Tiempo: 15 minutos

Ingredientes:

- Y 2 medidas de martini seco (2 oz)
- Y **1 lima**
- Y azúcar al gusto
- Y hielo en cubos, al gusto

Preparación:

- Se prepara igual que la caipiriña (véase pág. 43), remplazando la cachaza por el martini seco

Guaraná punch

Rinde: 12 vasos
Tiempo: 15 minutos, más 2 horas de reposo

Ingredientes:

- Y 1 lata de piña en trozos
- Y 1 botella de champán
- Y 3 latas de refresco de **guaraná**
- Y 1 botella de jugo de uva

Preparación:

🎲 Mezclar todos los ingredientes en una jarra, aproximadamente 2 horas antes de servir. Conservar tapado y en refrigeración. Rectificar el sabor: si se encuentra muy dulce, añadir un poco de agua.

Leite de onça (Leche de jaguar)

Rinde: 3 vasos
Tiempo: 5 minutos

Ingredientes:

- Y 1 lata de leche condensada
- Y 6 medidas de vodka (6 oz)
- Y ½ lata de crema de cacao
- Y **canela molida**

Preparación:

🎲 Licuar los ingredientes, agregar hielo picado y servir en vasos bajos. Espolvorear cada vaso con canela molida.

Sakerinha

Rinde: 1 vaso
Tiempo: 15 minutos

Ingredientes:

- 2 medidas de sake (2 oz)
- 1 **lima**
- azúcar al gusto
- hielo en cubos, al gusto

Preparación:

- Se prepara igual que la caipirinha (véase pág. 43), remplazando la cachaza por el sake.

46

Brasil en rosa

Rinde: 1 vaso
Tiempo: 5 minutos

Ingredientes:

- 1 vaso de jugo de **maracuyá**
- 2 cucharadas de **jarabe de fresa**
- hielo, cantidad necesaria

Preparación:

- Verter el jugo de maracuyá en un vaso alto con hielo, agregar el jarabe de fresa. Remover y servir.

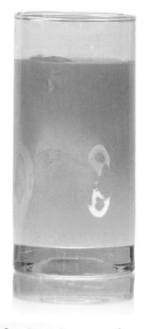

Jugos de frutas tropicales

Rinde: 5 vasos
Tiempo: 5 minutos

Ingredientes:

- ½ kg de cualquier fruta tropical, picada en cuadritos pequeños (aprox. 1 lb)
- **acerola** o
- piña o
- **maracuyá** o
- mango o
- papaya o
- **guanábana** o
- **guayaba**

- 1 litro de agua o de leche (aprox. ¼ de galón)
- azúcar, cantidad necesaria

Preparación:

- Licuar todos los ingredientes y servir frío o acompañado con hielos.

Mate gelado

Rinde: 1 vaso
Tiempo: 15 minutos

Ingredientes:

- yerba mate, cantidad necesaria
- 1 taza de agua

Preparación:

Preparar una infusión para hacer el té. Enfriar y servir con hielo.

Meu Brasil

Rinde: 1 vaso
Tiempo: 10 minutos

Ingredientes:

- 1 **pomelo**
- 2 cucharadas de **jarabe de fresa**
- hielo en cubos, cantidad necesaria

Preparación:

Partir el pomelo por la mitad y exprimir su jugo en un vaso alto con hielo, agregar el jarabe de fresa. Remover y servir.

Bolinhos de Bacalhau
(Croquetas de bacalao)

Rinde: 20 porciones
Tiempo: 1 hora, más 12 horas de reposo

Ingredientes:

- ½ kg de bacalao seco, salado (aprox. 1 lb)

- 2 tazas de **puré de papa**

- 2 cucharadas de **perejil** finamente picado

- 2 huevos grandes

- aceite para freír, el necesario

- 1 cebolla pequeña

- 1 **hoja de laurel**

- 4 granitos de **pimienta negra**

- 2 tazas de agua

Preparación:

Para el bacalao

- Remojar el bacalao al menos 12 horas. Transcurrido ese tiempo, cambiar el agua del remojo, al menos tres veces con intervalos de 1 hora. Escurrir el pescado, quitar la piel y las espinas y cortar en trocitos.

- Cocinar a fuego lento el bacalao con dos tazas de agua, agregar una cebolla pequeña cortada en rodajas delgadas, una hoja de laurel y 4 bolitas de pimienta negra. Cuando hierva, tapar y retirar del fuego para evitar que el pescado se endurezca.

Para formar las croquetas

- Desmenuzar el pescado previamente escurrido. Colocarlo en un recipiente y agregar el puré de papas. Batir los huevos con un poco de sal y adicionarlos a la mezcla. Agregar el perejil y, si se desea, una cebolla pequeña, finamente picada y pimienta molida al gusto. No es necesario agregar sal, pues el pescado, aun remojado, conserva suficiente sal.

- Dejar reposar ½ hora la masa que se ha elaborado. Formar las croquetas y freírlas en suficiente aceite, hasta que estén doradas.

Glosario

aceite de canola: canola oil

aceite de maní: peanut oil

acerola: Barbados cherry

amendoim: maní, cacahuate: peanut

canela molida: ground cinnamon

guanábana: soursop

guaraná: small red fruit with a high caffeine content

guayaba: guava

harina de yuca: cassava flour

hoja de laurel: laurel leaf

jarabe de fresa: strawberry syrup

lima: lime

maíz dulce desgranado: sweet corn kernel

maní tostado molido: toasted and shredded peanut

maracuyá: passion fruit

perejil: parsley

pimienta negra: black pepper

pomelo: grapefruit

puré de papa: pure of potato

sandía: watermelon

yuca: cassava

Chile

País paradisiaco, caracterizado por su geografía inusual. Se ubica en América del Sur y se extiende a lo largo de una franja costera de 4 800 kilómetros del océano Pacífico; sin embargo, sólo tiene 180 km de ancho. La Cordillera de los Andes lo separa de sus vecinos Argentina, Bolivia y Perú. Se trata del país más largo del mundo, pues su longitud continental es de aproximadamente 4 200 km, más 8 000 si consideramos la Antártida chilena. También son parte de su territorio la Isla de Pascua, el archipiélago Juan Fernández y las islas San Félix, San Ambrosio, Salas y Gómez. El clima de Chile varía de acuerdo con la zona geográfica. Su gastronomía también responde a estas variantes. Por ejemplo, en el desierto se producen la quínoa y el pisco chileno; la isla de Pascua o Rapa-Nui, tierra de los moais y centro arqueológico de gran importancia declarado por la UNESCO Patrimonio de la Humanidad, nos ofrece sabores ancestrales como el tunuaje y el atún cocinado sobre piedras volcánicas.

Chiloé, isla que posee algunas de las más antiguas edificaciones de madera en el mundo —16 de las cuales son también Patrimonio de la Humanidad—, nos ofrece su platillo tradicional, el curanto, elaborado con carnes, mariscos y pescados cocinados bajo tierra. El sur de Chile, con paisajes de impresionante belleza, es la cuna de la nación mapuche. El salmón y la cerveza artesanal son representativos de esta zona. En la Patagonia, extremo austral chileno, también son platos típicos el cordero y la centolla. Finalmente, el centro del país destaca por sus vinos, que han escalado posiciones en el gusto de la gente y se ubican entre los mejores del mundo.

Coctel de la casa

Rinde: 1 copa
Tiempo: 5 minutos

Ingredientes:

- Y ½ vaso de **aguardiente anisado** (aprox. 4 oz)
- Y ½ vaso de jugo de naranja (aprox. 4 oz)
- Y hielo

Preparación:

🎲 Mezclar el aguardiente anisado y el jugo de naranja.

Servir en una copa de coctel con hielo.

Coctel urbano

Rinde: 1 copa
Tiempo: 5 minutos

Ingredientes:

- Y 1 medida de crema de mora francesa (1 oz)
- Y 3 medidas de champán bien frío (3 oz)

Preparación:

🎲 En un vaso mezclador, colocar la crema francesa y el champán. Agitar vigorosamente y servir en copa.

Chilena Manhattan

Rinde: 1 copa
Tiempo: 5 minutos

Ingredientes:

- 2 medidas de pisco (2 oz)
- ½ medida de vermouth (½ oz)
- hielo

Preparación:

Colocar en vaso mezclador los Ingredientes:. Mezclar y servir en una copa de martini fria.

Flaquísimo

Rinde: 1 copa
Tiempo: 5 minutos

Ingredientes:

- ½ vaso de vermouth blanco
- ½ vaso de vermouth rojo
- 1 cucharada de jugo de limón

Preparación:

En un vaso mezclador colocar el vermouth blanco y el rojo, agregar el jugo de limón. Mezclar y servir en copa martinera.

Hechizo de Gauguin

Rinde: 2 vasos
Tiempo: 8 minutos

Ingredientes:

- 1 medida de kalhúa (1 oz)
- 1 medida de crema de coco (1 oz)
- ½ vaso de ron (aprox. 4 oz)
- ½ vaso de jugo de naranja (aprox. 4 oz)
- hielo

Preparación:

- Licuar todos los Ingredientes: y mezclar hasta conseguir una consistencia cremosa. Servir en vaso alto con hielo.

Navegando

Rinde: 5 vasos
Tiempo: 15 minutos

Ingredientes:

- ½ botella de vino tinto caliente
- 2 vasos de jugo de naranja (aprox. 16 oz)
- 2 rodajas de naranja
- 5 **clavos de olor**

Preparación:

- Calentar a fuego lento el vino, sin que llegue a hervir. Cuando el vino esté caliente, retirar del fuego y agregar el jugo y las rodajas de naranja y los clavos de olor.

- Dejar reposar dos minutos y servir.

Perros de la calle

Rinde: 2 vasos
Tiempo: 5 minutos

Ingredientes:

- ☖ 1 medida de curasao (1 oz)
- ☖ 1 medida de bourbon (1 oz)
- ☖ ½ medida de granadina (½ oz)
- ☖ 1 vaso de jugo de naranja (aprox. 8 oz)
- ☖ 2 cucharadas de jugo de limón
- ☖ hielo

Preparación:

- ▦ Colocar todos los Ingredientes: en vaso mezclador y agitar. Servir en vaso alto con hielo.

Pisco coconut

Rinde: 1 copa
Tiempo: 5 minutos

Ingredientes:

- ☖ 1½ medida de pisco (1½ oz)
- ☖ 1 medida de leche de coco (1 oz)
- ☖ 1 cucharada de azúcar
- ☖ hielo

Preparación:

- ▦ Licuar todos los Ingredientes: y servir acompañado de hielo en copa coctelera.

Piscollins

Rinde: 1 vaso
Tiempo: 5 minutos

Ingredientes:

- Y 2 medidas de pisco (2 oz)
- Y 1 medida de jugo de limón (1 oz)
- Y 2 medidas **agua tónica** (2 oz)
- Y 1 cucharada de azúcar
- Y hielo

Preparación:

- Licuar o mezaclar bien en la coctelera el pisco, el jugo de limón y el azúcar. Poner hielo en un vaso y vaciar en él la mezcla. Agregar agua tónica. Servir con un revolvedor.

Step and drink

Rinde: 1 vaso
Tiempo: 3 minutos

Ingredientes:

- Y 2 medidas de ginebra (2 oz)
- Y ½ vaso de jugo de piña (aprox. 4 oz)
- Y 1 cucharada de jugo de limón
- Y hielo

Preparación:

- Licuar la ginebra y el jugo de piña. Agregar el jugo de limón, mezclar y servir en vaso alto con hielo.

Tango feroz

Rinde: 1 vaso
Tiempo: 5 minutos

Ingredientes:

- ½ vaso de cachaza (aprox. 4 oz)
- ½ vaso de jugo de naranja (aprox. 4 oz)
- 1 cucharadita de granadina
- hielo

Preparación:

- Licuar la cachaza y el jugo de naranja; agregar la granadina. Servir en vaso alto con hielo.

Todos en pelota

Rinde: 3 vasos
Tiempo: 5 minutos

Ingredientes:

- 1 medida de ron (1oz)
- 1 medida de pisco (1 oz)
- 1 medida de vodka (1 oz)
- ½ plátano o banana
- ½ vaso de jugo de naranja (aprox. 4 oz)
- 2 cucharadas de miel
- ½ taza de té de **ginseng**
- 5 **nueces**
- hielo en trozos

Preparación:

- Licuar todos los Ingredientes: (las nueces al final) y servir acompañado con hielo.

Vicious

Rinde: 1 vaso
Tiempo: 5 minutos

Ingredientes:

- 2 medidas de ron (2 oz)
- ½ vaso de leche (aprox. 4 oz)
- 3 cucharadas de granadina
- ½ vaso de jugo de piña (aprox. 4 oz)
- ½ vaso de jugo de naranja (aprox. 4 oz)
- hielo

Preparación:

- Licuar todos los Ingredientes: y servir en un vaso bajo con hielo.

Yohombin

Rinde: 2 vasos
Tiempo: 5 minutos

Ingredientes:

- 1 medida de ginebra (1 oz)
- 1 medida de vodka (1 oz)
- ½ vaso de jugo de naranja (aprox. 4 oz)
- ½ vaso de jugo de piña (aprox. 4 oz)
- 5 gotas de esencia de rosa
- hielo

Preparación:

- Licuar todos los Ingredientes: y servir en vaso alto con hielo.

Zombi

Rinde: 3 vasos
Tiempo: 5 minutos

Ingredientes:

- Y 1 medida de pisco (1 oz)
- Y 1 medida de vodka (1 oz)
- Y 1 medida de ginebra (1 oz)
- Y 3 cucharadas de granadina
- Y 1 medida de jugo de naranja (1 oz)
- Y 1 medida de jugo de piña (1 oz)
- Y hielo

Preparación:

- Licuar todos los Ingredientes: y servir en vaso alto con hielo.

Cola de mono

Rinde: 2 vasos
Tiempo: 45 minutos

Ingredientes:

- ½ litro de leche (aprox. 16 oz)
- 1 cucharada de café instantáneo
- ½ cucharadita de **vainilla**
- 1 **clavo de olor**
- 1 vara de **canela en rama**
- 1 pizca **nuez moscada**
- 3 cucharadas de azúcar

Preparación:

- Hervir en poca agua la canela, la nuez moscada y el clavo de olor. Retirar del fuego, colar y disolver el café en esta mezcla. Añadir la vainilla. Cuando la mezcla se enfríe, incorporar leche hervida.

- Refrigerar hasta el momento de servir, agregando un poco de hielo..

Mote con huesillos

Rinde: 1 vaso
Tiempo: 1 hora y media

Ingredientes:

- 1 kg de **huesillos** (aprox. 2 lb)
- azúcar al gusto
- 3 tazas de **trigo mote**
- canela al gusto

Preparación:

- Lavar los huesillos y dejarlos en remojo durante un día. Cocer los huesillos sin calentar el agua previamente para que suelten su jugo. Añadir azúcar y hervir 40 minutos más. Dejar enfriar los huesillos en su jugo.

- Si se desea un jugo más oscuro, agregar un poco de azúcar quemada.

- Lavar bien el trigo mote y cocerlo aproximadamente 10 minutos. Mezclar con el jugo de huesillos.

- Servir bien frío.

Empanadas

Y para acompañar...

Rinde: 12 porciones
Tiempo: 2 horas

Ingredientes:

Para la masa:

- 6 tazas de harina
- 4 cucharadas de **manteca**
- 1 cucharada de **polvo para hornear**
- 2 **huevos duros**
- 2 claras de huevo
- ¾ taza de leche con sal
- 12 aceitunas
- 30 **pasas de uva**

Para el "pino" o relleno:

- ½ kg de **carne molida**
- 5 cebollas finamente picadas
- 1 cucharada de aceite
- **ají color**
- **orégano** al gusto
- 1 taza de agua o jugo de carne
- sal y pimienta al gusto

Preparación:

Para la masa:

- Colocar la harina y el polvo para hornear sobre una tabla para amasar. Agregar la manteca en pequeños trozos y deshacerla con los dedos incorporándola a la harina. Agregar la leche con sal. Amasar hasta que la masa esté tierna y manejable.

  Formar un rollo largo y dividirlo en seis u ocho porciones con las que se forman bolitas de masa. Con el rodillo, aplanar las bolitas hasta obtener círculos delgados de aprox. 15 cm (aprox. 6") de diámetro.

Para el "pino" o relleno:

- En una sartén o cazo dorar la cebolla. Agregar la carne, el ají y el orégano. Agregar agua o jugo de carne y cocinar a fuego lento por 15 minutos o hasta que la carne esté tierna. Dejar enfriar.

  Para formar las empanadas, colocar dos cucharadas de relleno en cada círculo. Agregar una tajada de huevo duro, dos aceitunas y algunas pasas. Mojar el borde de la masa con leche y cerrarlo, apretando con los dedos para que no se desprenda. Doblar de afuera hacia dentro los costados. Pintar con la clara batida. Con un cuchillo pinchar el centro de las empanadas para que no se rompan. Hornear hasta que las empanadas se doren y la masa esté bien cocida.

Glosario

agua tónica: tonic water

aguardiente anisado: aniseed-flavored spirit drink

ají color: chile powder, or crushed chilly pepper

canela en rama: cinnamon sticks

chicharrón: fried pork-rind

chile picante fresco: hot chili pepper (fresh)

clavo de olor: cloves

crema de coco: cream of coconut

esencia de rosa: rose essence

ginebra: gin

granadina: grenadine

huesillo: sun dried peach

huevos duros: boiled eggs

kahlúa: coffee-flavored liquor

leche de coco: coconut milk

manteca de cerdo: lard

nueces: nuts

nuez moscada: nutmeg

pan rallado: bread crumbs

pasas de uva: raisins

pimienta: black pepper

polvo para hornear: baking soda

trigo mote: husked wheat

Colombia

Vallenato, aguardiente y café están presentes en la vida cotidiana de este singular país, Llamado así en honor al descubridor de América, Cristóbal Colón, se ubica al noroeste de América del Sur y tiene costas en los océanos Atlántico y Pacífico; por ello y por limitar con el Río Amazonas se le conoce como "Patria de tres mares". Por tierra tiene frontera con Venezuela, Brasil, Perú, Ecuador y Panamá. La capital del país es Bogotá, ciudad que concentra ocho de los 44.2 millones de personas que conforman la totalidad de la población. Como la mayoría de los países latinoamericanos, Colombia fue colonia española. Las incursiones en el territorio que hoy ocupa empezaron en 1502; a partir de entonces, un sinfín de conquistadores y colonizadores se instalaron en lo que se llamó Nueva Granada. En 1810 dio inicio el movimiento de insurrección. Nueve años más tarde, Nueva Granada proclamó su independencia de España y nació Colombia. Debido al fuerte mestizaje, Colombia es un crisol de culturas, un espacio donde confluyen y se enriquecen tradiciones, costumbres y modos de vida de diferentes grupos humanos. La diversidad cultural define, en buena medida, la identidad nacional. Las alegres celebraciones populares de Colombia se distinguen por su colorido, música y comida. El 95 por ciento de su población es católica, quizá por eso muchas de sus celebraciones se relacionan con fechas religiosas y reflejan la mezcla de razas, pues indígenas, negros y españoles aportaron, además de características físicas, comidas, lenguas y creencias. Se dice que entre las manifestaciones artísticas latinoamericanas, la música colombiana es de las más ricas y variadas ya que funde en sus melodías ritmos caribeños, salsa cubana, calipso jamaiquino y sonidos de los Andes, para dar lugar a una amplia gama de acordes y ritmos. En el ámbito de la literatura, Colombia ha aportado al mundo figuras de la talla de Gabriel García Márquez y Álvaro Mutis.

Aguardiente preparado

Rinde: 12 vasos
Tiempo: 5 minutos, más dos meses de reposo

Ingredientes:

- 🍸 1 botella de aguardiente
- 🍸 hojas de **brevo** al gusto

Preparación:

- 🎲 Destapar una botella de aguardiente e introducir en ella hojas de brevo frescas y enteras. Tapar y dejar en reposo durante dos meses.

Aguardiente Sour

Rinde: 1 vaso
Tiempo: 5 minutos

Ingredientes:

- 🍸 1 vaso de aguardiente antioqueño (aprox. 8 oz)
- 🍸 zumo de un limón
- 🍸 zumo de una naranja
- 🍸 1 clara de huevo
- 🍸 2 cucharadas de azúcar glass

Preparación:

- 🎲 En la coctelera, mezclar todos los ingredientes. Añadir hielo picado. Agitar, colar y servir.

Bocachica

Rinde: 1 vaso
Tiempo: 5 minutos

Ingredientes:

- ½ taza de ron
- 1 taza de jugo de toronja
- azúcar al gusto

Preparación:

Mezclar los ingredientes y servir con hielo.

Carajillo

Rinde: 4 vasos
Tiempo: 5 minutos

Ingredientes:

- 4 cucharadas de café molido
- 4 copas de brandy
- 2 copas de whisky
- 1 varita de canela
- 5 gotas de esencia de vainilla
- 2 tazas de agua caliente

Preparación:

Mezclar todos los ingredientes con el agua, colar y servir sin que se enfríe.

Coco loco

Rinde: 1 vaso
Tiempo: 5 minutos

Ingredientes:

- 3 cucharadas de ron
- ½ vaso de agua de coco (aprox. 4 oz)
- hielo

Preparación:

- Mezclar todos los ingredientes y servir con hielo.

Miss Colombia

Rinde: 6 vasos
Tiempo: 5 minutos

Ingredientes:

- 1 taza de leche condensada
- 1 taza de ron o vodka
- 1 taza de hielo picado
- 2 yemas de huevo

Preparación:

- Mezclar todos los ingredientes en una coctelera, agitar y servir.

Mistela de café

Rinde: 12 vasos
Tiempo: 5 minutos, más 10 días de reposo

Ingredientes:

- 1 botella de aguardiente antioqueño
- 2 cucharadas de café tostado y molido muy fino
- 1 kg de azúcar hecha almíbar (aprox. 2 lb)
- 2 cucharadas de esencia de vainilla

Preparación:

Mezclar en una botella el aguardiente y el café. Dejar reposar por diez días. Para el almíbar: disolver el azúcar en agua y calentar hasta que espese, dejar enfriar. Mezclar el aguardiente con el almíbar y la esencia de vainilla, batir y colar. El mistela se puede servir inmediatamente, o se puede guardar bien tapado.

Aguapanela

Rinde: 4 vasos
Tiempo: 10 minutos

En este apartado encontramos bebidas tradicionales colombianas. Bebidas calientes en donde el clima es riguroso y refrescantes donde el calor agobia. Las frutas de temporada proveen variedad y gusto. Estas bebidas se confeccionan utilizando ingredientes prehispánicos y modernos, dando como resultado una variada y original unión de sabores.

Ingredientes:

- 1 litro de agua (aprox. ¼ gal)
- 1 **panela** partida en trocitos
- jugo de 5 limones

Preparación:

- Disolver la panela en el agua, agregar el jugo de los limones y servir bien frío.

Chicha

Rinde: 12 vasos
Tiempo: 12 horas, más 15 días para fermentar la masa

Ingredientes:

- ⅈ 2 litros de miel (aprox. ½ gal)
- ⅈ 5 kg de maíz blando en grano (aprox. 10 lb)
- ⅈ 20 litros de agua (aprox. 5 gal)
- ⅈ helecho silvestre al gusto

Preparación:

- Moler el maíz con un poco de agua y miel hasta formar una masa bien remojada. Colocar la masa en una olla, preferentemente de barro, durante quince días para que se "apiche" o fermente.

- Transcurrido ese tiempo, moler nuevamente la masa con más agua y miel hasta que se suavice. Con esta masa formar pequeñas bolas y, con los dedos, hacerles un hueco en forma de cruz.

- Cubrir el fondo y las paredes de una olla con hojas de helecho silvestre, verter el agua con cuidado para no mover las hojas de helecho. Cocinar en esta olla las bolitas de masa por 12 horas a fuego muy lento, agregando agua si es necesario. Colar añadiendo agua fresca y miel a la mazamorra que resulta. Tapar la olla y dejar que fermente por diez días agregando diariamente un poco de miel y revolviendo para disolverla.

Chocolate con queso

Rinde: 2 tazas
Tiempo: 30 minutos

Ingredientes

- 2 pastillas de chocolate
- 1 taza de agua
- 1 taza de leche
- 250 gr de queso mozarella (aprox. ½ lb)

Preparación

En una olla alta mezclar el agua, la leche y las pastillas de chocolate; calentar a fuego alto. Cuando el chocolate hierva, retirar la olla del fuego y batir con molinillo enérgicamente. Colocar nuevamente la olla en el fuego y llevar el chocolate a ebullición dos veces más, batiendo mientras con el molinillo. Cortar el queso en dados pequeños. Servir en taza el chocolate caliente y agregar los dados de queso; esperar a que se derritan y acompañarlo con pan.

Masato

Rinde: 12 tazas
Tiempo: 60 minutos

Ingredientes

- ⅂ 7 litros de agua (aprox. 2 gal)
- ⅂ 1 kg de arroz lavado (aprox. 2 lb)
- ⅂ 2 kg de azúcar (aprox. 4 lb)
- ⅂ 250 gr de harina de trigo (aprox. ½ lb)
- ⅂ 4 varitas de canela
- ⅂ 6 **clavos de olor**

Preparación

🎲 Disolver el azúcar en un litro de agua y calentar hasta que espese para obtener un almíbar. Con el agua restante, cocinar el arroz durante 30 minutos. Colar el arroz conservando el agua y pasarlo por un cernidor. Incorporar al agua de arroz, los clavos, la canela, el almíbar y la harina de trigo. Cocinar a fuego lento por 30 minutos más, revolviendo con cuchara de madera. Dejar enfriar y servir a temperatura ambiente o con hielo picado.

Empanadas antioqueñas

Rinde: 12 porciones
Tiempo: 2 horas

Ingredientes

- ½ kg de maíz trillado (aprox. 1lb)
- ½ kg de carne de pierna de cerdo (aprox. 1 lb)
- ½ kg de papas cocidas y peladas (aprox. 1 lb)
- 1 taza de **hogao**
- 2 tazas de agua para el relleno
- 1 litro de agua (aprox. ¼ gal)
- 2 cucharadas de panela raspada
- 2 cucharadas de **almidón de yuca**
- 1 cucharadita de sal
- 4 cucharadas de aceite
- comino y sal al gusto

Preparación

Para el relleno:

Calentar el aceite y sofreír la carne. Cuando se haya dorado agregar el hogao, comino y sal, freír diez minutos más. Añadir las papas y el agua, tapar y cocinar 25 minutos.

Para la masa:

Cocinar el maíz en agua suficiente, sin que quede muy blando, sacarlo y molerlo. Luego mezclarlo con el almidón, la panela y la sal y amasar muy bien. Tomar porciones pequeñas de masa y aplanarlas con los dedos para formar discos delgados que se rellenan con una cucharada del guiso, se doblan y se presionan los bordes para cerrarlos bien. Freír cada empanada en aceite muy caliente hasta dorarla, sacar y colocar sobre papel absorbente. Servirlas bien calientes.

Picada Paisa

Rinde: 12 porciones
Tiempo: 5 minutos

Ingredientes

- ⅄ huevo
- ⅄ **chicharrón**
- ⅄ carne frita
- ⅄ frijoles
- ⅄ **arepas** pequeñas sin sal

Preparación

- 🎲 En un platón colocar los ingredientes para los comensales.

Glosario

almidón de yuca: cassava starch

arepas: corn bread

brevo (o breva), higo: fig

chicharrón: fried pork skin

clavos de olor: cloves

comino: cummin

guiso: meat and vegetable stew

helecho silvestre: wild fern leaves

hogao: sauce made of tomatoes, scallions, onions, coriander, salt, oil, salt and pepper

maíz trillado: dried cracked yellow hominy corn

panela: raw, unrefined whole sugar

patacones: fried plantain

relleno: filling

siempreviva: strawflower

yuca frita: fried cassava

zumo de limón: lemon juice

zumo de naranja: orange juice

Costa Rica

Localizada en Centroamérica, limita al norte con Nicaragua y al sureste con Panamá. Su territorio está bañado al este por el Mar Caribe y al oeste por el océano Pacífico. Su capital y centro político-económico es San José.

La cultura de Costa Rica mezcla costumbres y tradiciones indígenas y europeas. En la actualidad cuenta con una pequeña población indígena que conserva sus tradiciones y folclor, como la danza nacional llamada *Punto Guanacasteco* o las *Mascaradas*, bailadas al ritmo de una cimarrona. Estas danzas se realizan en la celebración de las fiestas patronales de todos los pueblos y ciudades costarricenses.

Costa Rica es un hermoso país lleno de sorpresas naturales que alberga 5 por ciento de la biodiversidad mundial y sus formaciones vegetales varían según altitud y composición del suelo. Cuenta con climas de selva tropical, bosque tropical húmedo, bosque tropical mixto y sabana. Costa Rica es un país excepcional, un refugio extraordinario de vida silvestre.

El licor nacional de Costa Rica es un ron elaborado con azúcar de caña denominado guaro, al que popularmente se conoce como "cacique". El Gallo Pinto es el plato típico nacional; significa "gallo con manchas" y es una mezcla de arroz y frijoles.

Bebidas con alcohol

Brincos

Rinde: 1 copa
Tiempo: 5 minutos

Ingredientes:

- 1½ medida de vermouth rojo (1½ oz)
- 3 medidas de jerez (3 oz)
- 5 gotas de amargo Angostura
- hielo

Preparación:

Mezclar todos los ingredientes en una coctelera. Colar y servir en copas de coctel.

Brocha gorda

Rinde: 8 vasos
Tiempo: 10 minutos

Ingredientes:

- 250 gr de piña en cuadritos (aprox. ½ lb)
- 3 naranjas cortadas en rodajas
- 5 medidas de **pisco** (5 oz)
- 5 medidas de brandy (5 oz)
- 5 medidas de curasao (5 oz)
- 2 litros de jugo de manzana (½ gal)
- 1 botella de **soda**

Preparación:

Colocar los trozos de piña y naranja en un recipiente. Añadir el pisco, el brandy y el curasao. Refrigerar 30 minutos. Añadir el jugo de manzana, completar con agua de soda y servir en vasos altos.

Cerveza slip

Rinde: 12 vasos
Tiempo: 5 minutos

Ingredientes:

- Y 4 cervezas
- Y 1 lata de **leche condensada**
- Y 1 lata de leche evaporada
- Y hielo

Preparación:

🎲 Licuar todos los ingredientes. Servir muy frío en tarro o vaso de cerveza.

Champán cup

Rinde: 3 vasos
Tiempo: 5 minutos

Ingredientes:

- Y 4 cucharaditas de azúcar en polvo
- Y 2 medidas de **soda** (2 oz)
- Y 1 medida de triple seco (1 oz)
- Y 2 medidas de cognac (2 oz)
- Y 2 tazas de champán frío
- Y **fruta seca** y hojas o ramitas de **menta**

Preparación:

🎲 Mezclar los ingredientes en una jarra. Agregar las frutas y la menta. Servir en copas de clarete.

E.T.

Rinde: 1 copa
Tiempo: 5 minutos

Ingredientes:

- 🍸 6 medidas de ginebra (6 oz)
- 🍸 2 medidas de jugo de lima (2 oz)
- 🍸 hielo

Preparación

🎲 Mezclar los dos ingredientes en un coctelera con hielo picado. Agitar. Servir en una copa de coctel previamente enfriada.

Green beer

Rinde: 1 vaso
Tiempo: 5 minutos

Ingredientes:

- 🍸 1 lata de cerveza clara
- 🍸 2 cucharadas de curasao azul
- 🍸 hielo

Preparación:

🎲 Vaciar todos los ingredientes en un vaso mezclador. Agitar y servir en vaso.

Nido de águilas

Rinde: 1 tarro
Tiempo: 5 minutos

Ingredientes:

- Y 1 cerveza rubia
- Y 2 medidas de cava (2 oz)

Preparación:

- 🎲 Verter ambos ingredientes muy fríos en un tarro de cerveza y... ¡listo!

Ponche mixto

Rinde: 1 copa
Tiempo: 5 minutos

Ingredientes:

- Y 1 cerveza
- Y 1 yema de huevo
- Y 3 cucharadas de azúcar
- Y 1 chorrito de **anís**
- Y hielo
- Y 1 pizca de **canela** en polvo para decorar

Preparación:

- 🎲 Agitar vigorosamente los ingredientes en un vaso mezclador. Servir en copa coctelera. Decorar con canela en polvo.

Pura vida

Rinde: 1 vaso
Tiempo: 5 minutos

Ingredientes:

- 3 medidas de vino tinto (3 oz)
- 1 medida de **soda** de cola (1 oz)
- hielo

Preparación:

- Se coloca el vino en un vaso alto con hielo y se completa con la soda.

Sorprendente

Rinde: 1 copa
Tiempo: 5 minutos

Ingredientes

- 2 medidas de ginebra (2 oz)
- 1 medida de Cointreau (1 oz)
- 1 cucharada de jugo de limón

Preparación:

- Agitar en una coctelera con hielo todos los ingredientes. Se puede añadir una clara de huevo. Servir en copa de coctel.

Tierra Tica

Rinde: 1 vaso
Tiempo: 5 minutos
Coctel especial para quienes disfrutan de lo ácido.

Ingredientes:

- Ⓨ 4 medidas de jugo de **maracuyá** (4 oz)
- Ⓨ 1½ medidas de **guaro** (1½ oz)

Preparación:

▨ Escarchar con sal el borde de un vaso rockero. Incorporar hielo, el guaro y, por último, el maracuyá. Decorar si se desea con una estrellita de esta fruta.

Verano en Costa Rica

Rinde: 3 vasos
Tiempo: 5 minutos

Ingredientes:

- Ⓨ 1½ medidas de **guaro** (1 ½ oz)
- Ⓨ jugo de ½ piña
- Ⓨ jugo de 1 naranja
- Ⓨ 1 medida de agua (1 oz)

Preparación:

▨ Agitar todos los ingredientes en una coctelera con hielo. Colar bien y servir en vaso bajo. Decorar con frutas si se desea.

Ayran

Rinde: 8 vasos
Tiempo: 10 minutos

Ingredientes:

- ½ litro de yogur natural (aprox. 16 oz)
- ½ litro de agua fría (aprox. 16 oz)
- sal al gusto
- 2 cucharaditas de **menta** seca

Preparación:

Verter el yogur en la licuadora y batir hasta alcanzar una consistencia homogénea. Añadir agua y continuar batiendo. Agregar sal y menta seca al gusto. Refrigerar y servir en vasos altos con hielo..

Batido de café

Rinde: 2 copas
Tiempo: 10 minutos

Ingredientes:

- 1 bola de helado de vainilla
- 1 taza de leche
- ½ taza de café frío
- un poco de nata o crema de leche
- **fideos de chocolate**

Preparación:

Mezclar todos los ingredientes en una batidora para obtener una textura más suave. Servir en una copa coctelera con una pequeña cantidad de **nata montada**.

Coctel de melón y moras

Rinde: 4 copas
Tiempo: 10 minutos

Ingredientes:

- 100 gr de melón semi picado (aprox. ¼ lb)
- 2 cucharadas de azúcar
- 8 moras grandes
- una lata de leche evaporada fría
- hielo al gusto

Preparación:

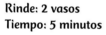 Licuar todos los ingredientes durante 3 minutos Servir en copa coctelera.

Jugo de duraznos

Rinde: 2 vasos
Tiempo: 5 minutos

Ingredientes:

- ½ lata de durazno
- 1 yema de huevo
- 1 vaso de agua
- hielo

Preparación:

Licuar durante un minuto los duraznos con su jugo, agua y hielo picado. Licuar durante un minuto. Servir. Se pueden agregar 2 cucharadas de crema de leche.

Jugo de zanahorias y limón

Rinde: 1 vaso
Tiempo: 5 minutos

Ingredientes

- Y 2 zanahorias
- Y ½ limón
- Y hojas de **menta**
- Y hielo
- Y 1 vaso de agua
- Y sal al gusto

Preparación

- Licuar las zanahorias y el agua durante 3 minutos.

Agregar el jugo de limón y salar ligeramente. Servir con cubitos de hielo y decorar con unas hojitas de menta. Consumir inmediatamente.

Refresco de mango

Rinde: 4 vasos
Tiempo: 15 minutos

Ingredientes:

- Y 3 mangos
- Y 3 tazas de agua
- Y 3 cucharadas de azúcar
- Y 4 cucharadas de jugo de limón

Preparación:

- Pelar los mangos y licuar la pulpa con poca agua. Agregar el azúcar, el jugo de limón y el agua restante. Licuar de nuevo y colar. Servir con hielo.

Tarta de salchicha

Rinde: 8 porciones
Tiempo: 1 hora

Ingredientes:

- 1 tapa para tarta
- 300 gr de **salchichas ahumadas** (aprox. 10 oz)
- 1 taza queso gruyere rallado
- 3 tomates
- sal y **pimienta**
- una pizca de orégano

Preparación:

- Precalentar el horno a 375° F.

- Poner en la tapa de la tarta las salchichas previamente cortadas en trozos. Cubrirlas con el queso. Disponer arriba los tomates en rodajas. Salpimentar y espolvorear con orégano.

- Hornear durante 20 minutos o hasta que el queso haya gratinado.

Glosario

curasao anís: anise

fideos de chocolate: chocolate sticks

fruta seca: dryed fruit

guaro: Costa-Rican brandy

leche condensada: condensed milk

manteca: lard or butter

maracuyá: passion fruit

menta: mint

nata montada: whipped cream

pimienta: black pepper

pisco: liquor distilled from grapes

salchichas ahumadas: smoked sausages

soda: club soda

tocino o "beicon": bacon

Cuba

Ron, tabaco y caña son símbolos de Cuba. Este alegre país es un archipiélago compuesto por 1 600 islas e islotes. Situado a la entrada del Golfo de México, el Mar Caribe baña su costa meridional, mientras que el océano Atlántico y el Golfo de México acarician sus playas del norte.

Cuba está habitada por gente alegre y cordial que sabe aprovechar el más mínimo pretexto para divertirse. Los cubanos son, por naturaleza, bailadores y saben convertir cualquier reunión en una fiesta. Debido al clima extremadamente caluroso, las puertas y las ventanas de las casas cubanas permanecen siempre abiertas, por lo cual parte de la vida familiar de los cubanos transcurre en compañía de sus vecinos. Cualquier día es bueno para colocar dos sillas a la puerta de la casa, escuchar algo de música e invitar al amigo a una partida de dominó. La música popular de Cuba está conformada por varios ritmos: son, rumba, guaracha y salsa, entre otros. Innumerables artistas cubanos se destacan tanto en la isla como en el exterior por su original y envidiable talento. La música, como un elemento primordial de la cultura cubana es una mezcla de elementos españoles, africanos y caribeños. Su comida tradicional se conoce como "comida criolla". Es el resultado asimismo de la fusión de elementos españoles, africanos y propiamente antillanos. El arroz y los frijoles son fundamentales en la gastronomía cubana. Algunos de sus principales platillos son: el congrí (arroz con frijoles), el arroz con pollo, las masitas (puerco asado), los tostones, la ropa vieja (carne de res cocida y desmenuzada) y una gran variedad de frutas tropicales. El ron es la bebida tradicional de Cuba, y sin duda el cultivo de la caña de la cual deriva el destilado forma parte del tejido histórico y cultural del país. Durante décadas los cañaverales de la isla han sido la base de la producción del prestigiado ron Havana Club. El mojito es la bebida típica de Cuba, se prepara con ron blanco, azúcar, agua mineral (soda) y hojas de hierbabuena. No hay mejor lugar para tomar un mojito que la Bodeguita del Medio, club que permanece abierto en La Habana desde 1924.

Boina roja

Rinde: 1 copa
Tiempo: 5 minutos

Ingredientes:

- ¼ de medida de jugo de limón (¼ oz)

- ¼ de medida de granadina (¼ oz)

- ½ de medida de ron blanco cubano (½ oz)

- 1 medida de ron extra añejo cubano, 7 años (1 oz)

- 1 guinda, un trozo de piña y hojas de hierbabuena para adornar

Preparación:

- Poner directamente en la copa con hielo los ingredientes en el orden en que aparecen en la lista. Revolver y adornar con una guinda, un trozo de piña y hojas de hierbabuena.

Caballito

Rinde: 1 copa
Tiempo: 3 minutos

Ingredientes:

- 1 cucharadita de azúcar refinada

- 3 hojas de hierbabuena

- ¼ de medida de jugo de limón (¼ oz)

- 1½ medidas de ron blanco cubano (1½ oz)

- ½ medida de vermouth rojo (½ oz)

- 1 guinda para decorar

- hielo

Preparación:

- Batir todos los ingredientes en la licuadora con mucho hielo y servir colado en copa de coctel. Decorar con una guinda.

Canchancara

Rinde: 1 vaso
Tiempo: 5 minutos

helada o, si se prefiere, en un vaso pequeño lleno de trocitos de hielo. Revolver y colocar.

Ingredientes:

- ½ medida de jugo de limón (½ oz)
- 1 medida de aguardiente de caña cubano o ron Light Dry, 3 años (1 oz)
- 1 medida de miel (1 oz)
- hielo en trozos

Preparación:

- Poner los ingredientes en la coctelera. Batir enérgicamente. Servir en un vasito bajo con un poco de agua

Canchancara II

Rinde: 1 vaso
Tiempo: 5 minutos

Ingredientes:

- 1 cucharada de miel de abeja
- 1 cucharada de jugo de limón
- 4 medidas de ron blanco o Sao-Cam (4 oz)

Preparación:

- Mezclar todos los ingredientes con hielo en trocitos o batirlos en la licuadora con hielo picado.

Daiquiri Clásico

Rinde: 1 copa
Tiempo: 5 minutos

Ingredientes:

- Y azúcar refinada
- Y jugo de ½ limón
- Y 5 gotas de Marraschino
- Y 1 medida de ron blanco, (3 años) (1 oz)
- Y hielo

Preparación:

- Mezclar todos los componentes en la coctelera y batir durante aproximadamente 30 segundos. Servir en una copa de coctel.

Daiquiri Criollo

Rinde: 1 copa
Tiempo: 5 minutos

Ingredientes:

- Y 1 medida de azúcar refinada (1 oz)
- Y 1 medida de jugo de limón (1 oz)
- Y 1½ medidas de ron blanco (1½ oz)
- Y 1 medida de granadina (1 oz)
- Y 1 cereza para decorar

Preparación:

- Licuar el azúcar, el jugo de limón y el hielo picado. Batir. Añadir el ron y batir 30 segundos más. Servir en una copa de coctel y decorar con una cereza.

Guacano

Rinde: 1 copa
Tiempo: 5 minutos

Ingredientes:

- Y 1 medida de ron blanco (1 oz)
- Y ½ medida de curasao rojo (½ oz)
- Y ½ medida de jugo de piña (½ oz)
- Y hielo

Preparación:

🎲 En una copa de champán previamente enfriada colocar los ingredientes en el orden en que aparecen en la lista. Adornar al gusto.

Havana Especial

Rinde: 1 copa
Tiempo: 3 minutos

Ingredientes:

- Y ½ medida de jugo de piña (½ oz)
- Y ½ medida de Maraschino (½ oz)
- Y 1 medida de ron blanco, 3 años (1 oz)
- Y un trozo de piña para decorar
- Y hielo en cubos

Preparación:

🎲 Mezclar todos los ingredientes en la coctelera, agitar 30 segundos y verter en una copa de coctel alta. Decorar la copa con un cuarto de rebanada de piña natural.

Mojito

Rinde: 1 vaso
Tiempo: 5 minutos

Ingredientes:

- 2 cucharadas de azúcar refinada (1 oz)
- 2 ramitas de hierbabuena (no confundir con la menta)
- jugo de una lima o de un limón
- soda fría, cantidad necesaria
- 1 copa de ron
- 2 hielos
- unas gotas de Angostura

Preparación:

- El mojito se prepara directamente en el vaso. Colocar dos cucharadas de azúcar y humedecerlas con el jugo de lima o de limón. Agregar dos ramitas de hierbabuena y machacarlas con una cuchara larga o un revolvedor, teniendo cuidado de no romper las hojas. Agregar soda hasta la mitad del vaso, el hielo en cubitos, el ron y unas gotitas de Angostura. Todo debe mezclarse macerando las hojas en el fondo del vaso. Añadir más agua si es necesario.

Presidente

Rinde: 1 copa
Tiempo: 6 minutos

Ingredientes:

- Y ½ medida de vermouth blanco dulce (½ oz)
- Y 1 cucharadita de curasao rojo
- Y ½ medida de ron blanco (3 años) (½ oz)
- Y 1 **guinda** o cereza
- Y cáscara de naranja, algunos trozos
- Y hielo

Preparación:

🎲 Mezclar todos los ingredientes en un vaso mezclador. Verter en una copa de coctel.

🎲 Acompañar y aromatizar con cáscara de naranja. Colocar la guinda en la copa.

Serpentina

Rinde: 1 copa
Tiempo: 5 minutos

Ingredientes:

- Y ½ medida de ron blanco (½ oz)
- Y ¼ de medida de curasao rojo (¼ oz)
- Y ½ de medida de jugo de naranja (½ oz)
- Y 10 gotas de jugo de limón
- Y hielo

Preparación:

🎲 En una copa de vino verter todos los ingredientes en el orden indicado. Introducir un popote (pitillo). Decorar con una cereza y hojas de hierbabuena.

Bebidas sin alcohol

Batidos de frutas

Rinde: 1 vaso
Tiempo: 5 minutos

Ingredientes:

- Y 1 mango
- Y ½ mamey
- Y trozos de frutabomba o papaya
- Y cualquier fruta
- Y azúcar al gusto
- Y ½ taza de leche

Preparación:

- Y Poner trozos de la fruta elegida en una licuadora, añadir azúcar y leche, batir durante un minuto. Servir con hielo picado.

Pasta de bocaditos

Rinde: 5 porciones
Tiempo: 15 minutos

Ingredientes:

- 1 taza de mortadela, jamón cocido o york
- queso crema o queso blanco para untar
- ½ taza de mayonesa
- 1 cucharada de pepinillos en conserva molidos
- 3 huevos duros pelados y picados
- sal al gusto

Preparación:

Picar el jamón en trocitos bien pequeños. Mezclar todos los ingredientes y untar la mezcla obtenida sobre galletas de soda, galletas saladas, pan tostado o bocadillos.

Chatinos o tostones de plátano verde

Rinde: 5 porciones
Tiempo: 30 minutos

Ingredientes:

- dos o tres tazas de aceite vegetal
- 5 plátanos verdes

Preparación:

Pelar los plátanos y rebanarlos en trozos de aproximadamente 2 centímetros de espesor. Conservar la cáscara. Calentar aceite o grasa vegetal en un sartén y freír las rodajas de plátano hasta que estén un poco doradas. Dejar enfriar. Con la cáscara del plátano o con un pedazo de papel absorbente aplastar los trozos, de manera que midan aproximadamente 5 centímetros: tendrán entonces el tamaño de un "tostón". Casi al momento de servir, freír nuevamente los tostones en grasa o aceite caliente. Espolvorear con sal antes de servirlos.

Glosario

guinda (cereza): fruit from the guindo, a kind of
cherry.

Ecuador

País ubicado al noroeste de América del Sur. Colinda con Colombia al norte, con Perú al sur y al este y con el océano Pacífico al oeste. Debido a su ubicación tropical, justo en la línea del ecuador de la Tierra, el país sólo tiene dos estaciones: húmeda y seca.

En la gastronomía ecuatoriana predomina la variedad de ingredientes; el pescado suele prepararse en una ensalada llamada ceviche. También se consume carne de res, cordero y cabra. Las verduras se consumen en diferentes formas; hay plátano verde o maduro, yuca y salsa de maní (cacahuate). El arroz no falta en los hogares de Ecuador. Entre los platos típicos se encuentran la fritada, los quimbolitos, el pan de yuca, el caldo de manguera y la guatita que es considerado el plato nacional por excelencia.

Como en la mayor parte de América Latina, la cultura ecuatoriana está definida por el mestizaje: fusión de lo europeo con tradiciones amerindias y algunos rasgos africanos.

Agua loca

Rinde: 8 vasos
Tiempo: 10 minutos

Ingredientes:

- 1 botella de vino blanco
- 1 lata de duraznos en almíbar
- 150 gr de **puro de caña** (aprox. 5 oz)
- hielo

Preparación:

Licuar el durazno sin el almíbar con el vino blanco y el puro de caña. Servir con una medida de almíbar. Mezclar y añadir hielo molido.

Amanecer andino

Rinde: 1 vaso
Tiempo: 5 minutos

Ingredientes:

- 2 medidas de **Espíritu del Ecuador** (2 oz)
- vaso de jugo de naranja (aprox. 4 oz)
- hielo

Preparación:

Poner **Espíritu del Ecuador** y jugo de naranja en un vaso largo con hielo. Mezclar y decorar al gusto. También se puede utilizar el jugo de otras frutas.

Armonía

Rinde: 1 vaso
Tiempo: 5 minutos

Ingredientes:

- 2 medidas de **Espíritu del Ecuador** (2 oz)
- 2 medidas de whisky (2 oz)
- jugo de ½ limón
- hielo

Preparación:

Mezclar el **Espíritu del Ecuador** y el whisky con jugo de limón y hielo en una coctelera. Servir en vaso coctelero. Decorar al gusto.

Brisas de río Guayas

Rinde: 1 vaso
Tiempo: 5 minutos

Preparación:

Mezclar los ingredientes en la licuadora. Decorar con la banana y la cereza.

Ingredientes:

- 1 medida de ron San Miguel Faja de Plata (1 oz)
- ½ medida de **anisado Patito** (½ oz)
- ½ **guineo**
- 2 cucharadas de **azúcar líquida**
- hielo en trozos
- banana o plátano y cereza para decorar

Coctel Chimborazo

Rinde: 2 copa
Tiempo: 10 minutos

Ingredientes:

- ☿ 1 medida de **anisado Patito** o trópico (1 oz)
- ☿ ¹/₃ medida de **crema de cacao** (¹/₃ oz)
- ☿ ¹/₃ medida de **crema de menta** (¹/₃ oz)
- ☿ ¹/₃ medida de leche condensada (¹/₃ oz)
- ☿ 6 cubos de hielo frappé.

Preparación:

🎲 Licuar las cremas con el **anisado** y el hielo hasta que formen escarcha. Servir en copa dando forma de volcán. Verter por último la leche condensada. Servir con 2 popotes (pitillos).

Coctel mitad del mundo

Rinde: 1 copa
Tiempo: 5 minutos

Ingredientes:

- ☿ 1 medida de ron blanco (1 oz)
- ☿ ½ medida de vermouth rojo (½ oz)
- ☿ ½ medida de **anisado Patito** (½ oz)
- ☿ 2 medidas de jugo de durazno (2 oz)
- ☿ piel de un limón, 1 cereza, 1 uva para decorar

Preparación:

🎲 Mezlar los ingredientes en una coctelera con un poco de hielo. Servir en copa ancha con cáscara de limón, cereza o uva.

Drake

Rinde: 1 vaso
Tiempo: 15 minutos

poner 2 medidas de infusión (2 oz) y una de zumir. Servir.

Es un coctel típico de Cuenca.

Ingredientes:

- ⅄ 1 taza de agua
- ⅄ 1 cucharada de ataco
- ⅄ azúcar al gusto
- ⅄ 1 medida de **zumir** (1 oz)

Preparación:

- 🎲 Con las hojas y la flor de ataco hacer una infusión. Agregar azúcar. En un vaso bajo o copa de coñac

Ecuacafé

Rinde: 1 taza
Tiempo: 5 minutos

Ingredientes:

- ⅄ 1 medida de **Espíritu del Ecuador** (1 oz)
- ⅄ 1 taza de café
- ⅄ **crema batida**

Preparación:

- 🎲 Agregar el **Espíritu del Ecuador** a la taza de café. Rociar la superficie con **crema batida**

Ecuacooler

Rinde: 1 vaso
Tiempo: 5 minutos

Ingredientes:

- ⅄ 2 medidas de **Espíritu del Ecuador** (2 oz)
- ⅄ agua mineral
- ⅄ jugo de un limón
- ⅄ hielo

Preparación

- 🎲 En un vaso con hielo verter **Espíritu del Ecuador,** agua mineral y un poco de jugo de limón. Agitar y servir.

Ecuatón

Rinde: 2 copas
Tiempo: 5 minutos

🎲 Servir en copa coctelera.

Ingredientes:

- ⅄ 1½ medidas de **Trópico Seco** (1½ oz)
- ⅄ ½ medida de curasao triple sec (½ oz)
- ⅄ 4 medidas de jugo de **tomate de árbol** (4 oz)
- ⅄ ½ medida de jugo de limón (½ oz)
- ⅄ ½ medida de granadina (½ oz)
- ⅄ 1 cucharadita de **azúcar líquida**
- ⅄ hielo

Preparación:

- 🎲 Poner los ingredientes en la coctelera y agitar bien.

Galápagos tropical

Rinde: 1 vaso
Tiempo: 5 minutos

Ingredientes:

- 1 medida de jugo de piña (1 oz)
- 1 medida de jugo de naranja (1 oz)
- 1 medida de jugo de toronja (1 oz)
- jugo de 1 limón
- 1½ medidas de aguardiente Cristal (1½ oz)
- 1 chorrito de granadina

Preparación:

- Mezclar todos los ingredientes. Servir en un vaso alto con hielo..

Guayusa de mora

Rinde: 8 vasos
Tiempo: 20 minutos

Ingredientes:

- ½ litro de **extracto de mora** (aprox. 16 oz)
- 2 medidas de **puro de caña** (2 oz)
- azúcar al gusto

Preparación:

- Hervir todos los ingredientes 5 minutos. Si se desea un sabor más fuerte, añadir caña.

Happy Japa

Rinde: 1 vaso
Tiempo: 5 minutos

Es el coctel oficial de Ecuador

Ingredientes:

- ½ medida de granadina (½ oz)
- ½ medida de jugo limón (½ oz)
- 1½ medidas de jugo de piña (1½ oz)
- 1½ medidas de brandy naranja lima
- hielo

Preparación

- Licuar 4 cubos de hielo y todos los ingredientes.
- Servir en vaso alto..

Leche de tigra

Rinde: 4 vasos
Tiempo: 25 minutos

Ingredientes:

- 1 litro de leche (aprox. ¼ gal)
- **canela** al gusto
- 5 cucharadas de azúcar
- ¼ litro de **Puro de caña** (aprox. 8 oz)
- 1 medida de **anisado Patito** (1 oz)

Preparación:

- Hervir la leche con la **canela**. Aún caliente, verter poco a poco el licor. Edulcorar al gusto. El secreto está en licuar también la **canela**.

Mapanagua

Rinde: 1 vaso
Tiempo: 5 minutos

Ingredientes:

- 4 medidas de jugo de caña de azúcar (4 oz)
- 4 medidas de jugo de naranja (4 oz)
- 2 medidas de aguardiente (2 oz)
- hielo

Preparación:

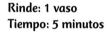

- Poner hielo en un vaso bajo, agregar los ingredientes y servir.

Salinas de noche

Rinde: 1 vaso
Tiempo: 5 minutos

Ingredientes:

- 2 medidas de brandy (2 oz)
- 1½ medidas de jugo de piña (1½ oz)
- una cucharada de granadina
- piña y cereza para decorar

Preparación:

- Licuar los ingredientes. Servir en vaso. Si se desea, decorar con la piña y la cereza.

Batido de guineo y fresa

Rinde: 4 vasos
Tiempo: 10 minutos

Ingredientes:

- ½ litro de leche (aprox. 16 oz)
- **guineos** (al gusto)
- fresas (al gusto)
- helado de vainilla
- azúcar al gusto

Preparación:

- Triturar la fruta pelada y limpia utilizando una licuadora. Mezclar con la leche, una bola de helado y el azúcar, hasta obtener un líquido espumoso. Servir.

Caspiroleta

Rinde: 2 vasos
Tiempo: 25 minutos

Ingredientes:

- 2 cucharaditas de azúcar
- 1 trozo de **canela** entera
- 1 cucharadita de vainilla
- 1 huevo
- 1 pizca de **nuez moscada**
- **canela** en polvo, para espolvorear
- 1 taza de leche fresca
- 1 taza de agua

Preparación:

- Colocar la leche en una olla y hervir con la **canela** y el azúcar. Batir a mano el huevo y la vainilla. Sin dejar de batir, muy lentamente para evitar que se cocine el huevo, agregar la leche hervida y el agua caliente. Añadir finalmente una pizca de **nuez moscada.** Servir caliente y espolvorear **canela** en polvo.

Colada de plátano

Rinde: 4 vasos
Tiempo: 1 hora

20 minutos más y retirar del fuego. Si prefiere puede utilizar sal para cambiar el gusto.

Ingredientes:

- ♆ 2 plátanos verdes grandes
- ♆ 1 litro de leche (aprox. ¼ gal)
- ♆ azúcar o sal al gusto

Preparación:

🎲 Rallar el plátano finamente. Hervir dos tazas de agua y agregar el plátano rallado. Mover constantemente para evitar que se formen bolas o grumos y se pegue. Cuando el plátano esté cocinado, verter la leche y el azúcar. Mover constantemente. Hervir

107

Y para acompañar...

Locro de papa

Rinde: 8 raciones
Tiempo: 40 minutos

Ingredientes:

- ⅄ 5 papas suaves peladas y picadas en cuadros pequeños
- ⅄ 1 diente de ajo
- ⅄ 1 cebolla roja
- ⅄ leche
- ⅄ 4 tazas de agua
- ⅄ 1 cucharada de mantequilla
- ⅄ aguacate

Preparación:

- Hervir 4 tazas de agua. Agregar las papas peladas y cortadas. Cocinar hasta que estén muy suaves. En un cazo calentar la mantequilla, cocinar el ajo triturado y la cebolla picada en pedazos grandes hasta que ésta última se ponga transparente. Retirar del fuego, licuar y agregar a la sopa de papas. Salpimentar al gusto.

- Partir el aguacate en pedazos grandes y servirlo para acompañar la sopa.

Glosario

aguacate: avocado

ajo molido: crushed garlic

anisado Patito: alcoholic drink with aniseed flavor

azúcar líquida: liquid sugar

crema batida: whipped cream

crema de cacao: cocoa cream

crema de menta: mint cream

extracto de mora: blackberry concentrate

grosella: gooseberry

guineo: plátano, banana

maduro: ripe plantain

maní: peanut

mejorana: marjoram

nuez moscada: nutmeg

pulpa de tamarindo: tamarind pulp

puro de caña (aguardiente): pure of cane

tocino: bacon

tomate de árbol: tree tomato, a.k.a. tamarillo

Trópico Seco: dry liquor (Ecuatorian version of vodka)

yuca: cassava

zumir: a brand of vodka

El Salvador

El Salvador es el país más pequeño de Centroamérica. Es la única nación de la zona que no cuenta con costa sobre el Mar Caribe. Limita al norte con Honduras, al oeste con Guatemala y al sur con el océano Pacífico.

La cultura de El Salvador es fundamentalmente mestiza resultado de la combinación centenaria de pueblos prehispánicos como el maya, lenca, nahua y ulúa con elementos españoles. A pesar de ser un país muy pequeño, la mezcla de varias tradiciones genera la enorme variedad cultural que se observa a lo largo y ancho de sus fronteras.

Los platillos salvadoreños llevan como base maíz, frijoles, arroz, verduras, frutas y todo tipo de carnes. Los menús más populares incluyen pupusas, consomé de garrobo (un reptil parecido a la iguana) y platillos elaborados con base en maíz como el atol, los tamales de elote y el shuco (bebida de maíz). Otros platos típicos salvadoreños son la yuca frita o sancochada y el pan con chumpe (pavo).

La música salvadoreña es un reflejo de la diversidad de su cultura. Tradicionalmente, sus habitantes amenizan sus reuniones y su vida cotidiana con géneros musicales como la salsa, la chanchona y la bachata, a los que, recientemente, se han sumado el reggae y el merengue. Sin embargo, el ritmo más característico y popular sigue siendo la cumbia, mientras la marimba es el instrumento que con mayor frecuencia se tañe en las celebraciones.

Beer buster

Rinde: 1 vaso
Tiempo: 5 minutos

Ingredientes:

- 2 medidas de ron blanco (2 oz)
- 3 gotas de **salsa Tabasco**
- 1 cerveza fría

Preparación:

- Verter el ron en un vaso alto, rellenar el vaso con cerveza y agregar la salsa Tabasco. Remover con agitador.

Canario

Rinde: 2 vasos
Tiempo: 15 minutos, más 12 horas de reposo

Ingredientes:

- 1 botella de ron reposado
- 1 botella de vino blanco
- 1 litro de jugo de piña (aprox. ¼ de galón)
- 2 litros de Ginger Ale (aprox. ½ galón)
- 250 gr de piña en trozos (aprox. ½ lb)
- 250 gr de fresas partidas en mitades (aprox. ½ lb)
- 250 gr de duraznos partidos en mitades (aprox. ½ lb)

Preparación:

- En una ponchera verter el vino, el jugo de piña y la fruta en trozos. Dejar reposar 12 horas en refrigeración. Añadir el ron, el Ginger Ale y bastante hielo. Servir en tazas o vasos de ponche.

Canela

Rinde: 1 vaso
Tiempo: 5 minutos

Ingredientes:

- Y 1 medida de vodka (1 oz)
- Y 1 medida de licor de manzana (1 oz)
- Y 1 medida de licor de **mora** (1 oz)
- Y **canela** en polvo
- Y hielo

Preparación:

🎲 Verter en un vaso alto con hielo, primero el vodka y después los licores; remover y espolvorear canela al gusto.

Cítricos

Rinde: 1 vaso
Tiempo: 5 minutos

y de naranja. Decorar si se desea con una rodaja de naranja.

Ingredientes:

- Y 1 medida de ron (1 oz)
- Y 1 medida de vermouth rojo (1 oz)
- Y jugo de limón, cantidad necesaria
- Y jugo de naranja, cantidad necesaria
- Y rodaja de naranja para adornar
- Y hielo

Preparación:

🎲 Servir el ron y el vermouth en un vaso alto con hielos. Completar con partes iguales de jugo de limón

Daiquiri frutal

Rinde: 1 copa
Tiempo: 5 minutos

Ingredientes:

- 2 cucharadas de azúcar
- 2 medidas de ron blanco (2 oz)
- 250 gr de **frutas de la estación combinadas** (aprox. ½ lb)
- 1 cucharadita de jugo de limón
- hielo

Preparación:

- Colocar en la licuadora 3 cubos de hielo y todos los ingredientes. Licuar hasta que todo se incorpore por completo. Servir en una copa para margarita o para daiquiri.

El final

Rinde: 1 vaso
Tiempo: 5 minutos

Ingredientes:

- 1 medida de ron oscuro (1 oz)
- 1 medida de jugo de limón (1 oz)
- ½ cucharadita de azúcar
- 1 cereza para adornar
- hielo

Preparación:

- Verter todos los ingredientes en una coctelera con hielo. Agitar bien y servir en un vaso alto. Decorar con una cereza.

Iceberg

Rinde: 1 copa
Tiempo: 5 minutos

Ingredientes:

- 2 medidas de ron dorado (2 oz)
- 1 medida de curasao (1 oz)
- 1 cucharadita de jugo de limón
- ½ cucharadita de azúcar
- hielo

Preparación:

- Mezclar los ingredientes en vaso mezclador. Servir en copa coctelera.

León marino

Rinde: 1 vaso
Tiempo: 5 minutos

Ingredientes:

- 1 copa de vino blanco muy frío
- 2 medidas de ron (2 oz)
- 1 lámina de limón para adornar
- azúcar al gusto

Preparación:

- Verter los ingredientes directamente en un vaso alto, remover y decorar con la lámina de limón.

Locura de amor

Rinde: 1 vaso
Tiempo: 5 minutos

Ingredientes:

- Y 1 medida de vodka (1 oz)
- Y 1 medida de jugo de **lima** (1 oz)
- Y 1 medida de jugo de **maracuyá** (1 oz)
- Y 1 medida de licor de cereza (1 oz)
- Y 1 medida de licor de durazno (1 oz)

Preparación:

🎲 Colocar en la licuadora 3 cubos de hielo, verter el resto de los ingredientes y licuar. Servir en vaso alto con popote (pitillo).

Sueño salvadoreño

Rinde: 1 copa
Tiempo: 5 minutos

Ingredientes:

- Y 1 medida de ron blanco (1 oz)
- Y 1½ medidas de leche (1½ oz)
- Y 1½ medidas de jugo de fresas (1½ oz)
- Y 1 fresa para adornar
- Y hielo picado

Preparación:

🎲 Verter los ingredientes en la coctelera. Agitar vigorosamente y servir en copa de coctel. Decorar con una fresa.

Batido de naranja

Rinde: 1 vaso
Tiempo: 5 minutos

Ingredientes:

- 1 vaso de jugo de naranja (aprox. 8 oz)
- 1 huevo
- 2 cucharadas de **miel de abeja**
- 2 gotas de vainilla líquida
- hielo

Preparación:

Colocar en la licuadora el jugo de naranja. Agregar el huevo crudo y la miel, licuar. Servir con cubos de hielo.

Refresco de ensalada

Rinde: 15 vasos
Tiempo: 1 hora

Preparación:

Licuar todos los ingredientes menos la lechuga o el berro. Verter en una olla y dejar reposar por una hora. Posteriormente, agregar hielos y la lechuga o berro picado. Servir.

Ingredientes:

- 1 mamey limpio, sin semilla y en cuadritos
- ½ piña pequeña limpia y en cuadritos
- 3 **marañones**
- 1 manzana verde en cuadritos
- jugo de 5 naranjas dulces
- azúcar al gusto
- 1 pizca de sal
- 2½ litros de agua (aprox. 2/3 de galón)
- ½ taza de lechuga o **berro** finamente picado

Y para acompañar...

Papita rica

Rinde: 5 porciones
Tiempo: 1 hora

Ingredientes:

- 250 gr de papa (aprox. ½ lb)
- 2 latas de atún con vegetales
- 1 taza de **mayonesa**
- 3 cucharadas de **mostaza**
- 1 manojo de **cilantro** picado
- sal y **pimienta** al gusto

Preparación:

- Cortar las papas en cuadritos y cocinarlas hasta que estén blandas (no dejar que se deshagan). Retirarlas del fuego y mezclarlas en un recipiente con el cilantro picado, la mayonesa, la mostaza y, por último, el atún. Agregar sal y pimienta al gusto.

Pupusas

Rinde: 10 porciones
Tiempo: 1 hora

Ingredientes:

- ½ kg de **masa de maíz instantánea** (aprox. 1 lb)
- 1 kg de **quesillo** (aprox. 2 lbs.)
- ½ kg de **chicharrón** molido (aprox. 2 lbs.)
- ½ kg de **frijoles** cocidos y molidos (aprox. 1 lb)

Preparación:

- Preparar la masa siguiendo las instrucciones de la marca elegida. Con la masa formar bolitas de 3 cm de diámetro. Aplastarlas hasta formar un disco de ½ cm de espesor, es decir, hasta formar una tortilla. Dentro de la tortilla, colocar una cucharada grande de quesillo, chicharrón o frijoles. Cerrar en forma de bolita y palmear para que quede como tortilla otra vez. Freír en una sartén con aceite bien caliente. Voltear continuamente hasta que las pupusas se cocinen bien.

Salsa para las pupusas

Rinde: 10 porciones
Tiempo: 25 minutos

Ingredientes:

- ᵞ 3 **tomates**
- ᵞ 2 **chiles verdes**
- ᵞ 1 diente de ajo
- ᵞ 2 lascas de cebolla
- ᵞ una pizca de orégano
- ᵞ **pimienta negra,** al gusto
- ᵞ sal, al gusto

Preparación:

Colocar todos los ingredientes en la licuadora y molerlos durante 15 segundos. Cocinar a fuego lento hasta que hierva. Retirar del fuego. Bañar las pupusas con la salsa al momento de servirlas

Glosario

berro: watercress

canela: cinnamon

chicharrón: fried pork skin

chiles verdes: green chilies

cilantro: coriander

frijoles rojos: red beans

frutas de la estación combinadas: mixed season fruits

lima: lime

maracuyá: passion fruit

marañones: cashew

masa de maíz instantánea: instant corn meal

mayonesa: mayonaise

miel de abeja: honey

mora: blackberry

mostaza: mustard

pimienta negra: black pepper

quesillo: cream cheese

salsa Tabasco: Tabasco sauce

tomate: tomatoe

Guatemala

País admirable cuya cultura se nutre de influencias prehispánicas y españo-las. Se ubica en Centroamérica, limita al norte y al oeste con México, al este con Belice y el Golfo de Honduras, al sureste con Honduras y El Salvador, y al sur con el océano Pacífico. Es un país mágico que ha mantenido muchas costum-bres prehispánicas. Prueba de ello es la localidad de Chichicastenango, un colorido pueblo en donde los chamanes o sacerdotes indígenas llevan a cabo rituales prehispá-nicos, sea religiosos o de sanación. Este pueblo es famoso por sus coloridos días de mercado, su artesanía y sus trajes típicos. Es mundialmente conocida por sus sitios arqueológicos.

Al haber sido cuna de la civilización maya, alberga una gran cantidad de ruinas con tesoros arquitectónicos como las ciudades de Petén y Tikal.

Hoy en día, en muchos de estos sitios todavía se realizan rituales de origen precolombino que se guían por el calendario y los rituales de la cultura maya. El legado del periodo colonial se manifiesta en la hermosa ciudad de Antigua, una localidad reconocida como Patrimonio Cultural de la Humanidad por la UNESCO. En esta ciudad, las mujeres guate-maltecas lucen su ropa tradicional bordada a mano, con infinidad de colores y formas.

La cocina guatemalteca varía de región en región pero, en general, utiliza ingredientes comunes como el frijol, el maíz, la carne de res, de pollo. A lo anterior se debe sumar la carne de animales poco comunes como el armadillo, la iguana, el tepescuintle y el chompipe. También forman parte de los platillos guatemaltecos los quesos, la tortilla de maíz, el aguacate, el arroz, los chiles e infinidad de especias. Entre sus bebidas típicas están las aguas frescas elaboradas con diversas frutas, o incluso con flores como la jamaica. Están además las frescas fermentadas como la chicha, los frescos de súchiles y algunas bebidas calientes como el chocolate de agua y el atole de maíz.

Aguardiente sour

Rinde: 1 copa
Tiempo: 5 minutos

Ingredientes:

- 2 medidas de aguardiente (2 oz)
- 1 medida de jugo de limón (1 oz)
- ½ cucharadita de **azúcar pulverizada**
- hielo

Preparación:

- Mezclar en una licuadora todos los ingredientes, batir medio minuto. Servir en una copa de coctel con el borde azucarado.

Antigua

Rinde: 1 tarro
Tiempo: 5 minutos

Ingredientes:

- 1 cerveza
- 2 medidas de **aguardiente** (2 oz)
- 1 medida de jugo de limón (1 oz)
- hielo

Preparación:

- En un tarro alto con hielo agregar el aguardiente y el jugo de limón. Verter la cerveza lentamente.

Coctel de mandarina

Rinde: 3 vasos
Tiempo: 5 minutos

Ingredientes

- Y 1 taza de jugo concentrado de mandarina
- Y 1 taza de **aguardiente**
- Y 1 lata de leche condensada (300 ml)
- Y 1½ tazas de hielo picado

Preparación

- Mezclar todos los ingredientes en la licuadora a alta velocidad durante 10 segundos. Servir en vasos pequeños con dos popotes cortos.

Chepac

Rinde: 1 vaso
Tiempo: 5 minutos

Ingredientes

- Y 1 medida de ron blanco (1 oz)
- Y 2 medidas de **refresco de jamaica** (2 oz)
- Y 2 medidas de **refresco de tamarindo** (2 oz)
- Y ½ medida de **jarabe de azúcar morena** (½ oz)
- Y hielo picado

Preparación

- Mezclar los ingredientes en una coctelera. Servir en una copa de coctel.

121

Licor de leche

Rinde: 1 vaso
Tiempo: 5 minutos

Ingredientes:

- ᖯ 1 medida de licor de fruta (1 oz)
- ᖯ 1 medida de licor de chocolate (1 oz)
- ᖯ 2 medidas de vodka (2 oz)
- ᖯ leche, cantidad necesaria

Preparación:

- Mezclar todos los ingredientes, excepto la leche, en un vaso mezclador. Servir en un vaso corto con hielos y rellenar con leche. .

Patada de mula

Rinde: 1 vaso
Tiempo: 5 minutos

Ingredientes:

- ᖯ 1 cerveza bien fría
- ᖯ 1 medida de ginebra (1 oz)
- ᖯ ½ cucharadita de **queso blanco** rallado

Preparación:

- Verter la ginebra y el queso en un vaso de cerveza, agregar la cerveza lentamente. No mezclar.

Rinde: 1 vaso
Tiempo: 5 minutos

Ingredientes

- ♈ 2 medidas de ron (2 oz)
- ♈ 1 medida de jugo de limón (1 oz)
- ♈ 1 cucharadita de licor de menta
- ♈ 2 cucharaditas de azúcar fina
- ♈ **agua de coco,** cantidad necesaria
- ♈ hielo picado

Preparación

🎲 Colocar todos los ingredientes en un vaso grande con hielo picado, rellenar con agua de coco, agitar bien.

Río dulce

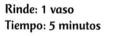

Rinde: 1 vaso
Tiempo: 5 minutos

Ingredientes

- ♈ 1 cerveza negra
- ♈ 1 medida de ron blanco (1 oz)
- ♈ ½ medida de granadina (½oz)

Preparación

🎲 En un vaso collins con un hielo, verter el ron, la granadina y, por último, la cerveza. Remover lentamente.

Toro negro

Zacapa mojito

Rinde: 1 vaso
Tiempo: 5 minutos

Ingredientes

- Y 2 medidas de Zacapa Centenario (2 oz)
- Y jugo de 2 **limas**
- Y 2 cucharadas de azúcar
- Y 5 a 10 hojas de menta
- Y **soda,** cantidad necesaria

Preparación

🎲 Verter los ingredientes en un vaso mezclador y remover. Verter en vaso alto y rellenar con soda. Adornar con las hojas de menta.

Rinde: 15 vasos
Tiempo: 30 minutos

Ingredientes

- 150 gr de **flor de jamaica** (aprox. 5 oz)
- 1 taza de azúcar o al gusto
- 4 litros de agua (aprox. 1 galón)
- jugo de 6 u 8 limones
- hielo

Preparación

En un litro de agua hervir 20 minutos la flor de jamaica. Retirar la flor y conservar el agua para obtener un concentrado de jamaica. Agregar

Rinde: 8 vasos
Tiempo: 30 minutos

Ingredientes

- 2 kig de **granos de elote tierno** (aprox. 4 lbs.)
- 1 varita de **canela**
- azúcar al gusto
- agua, la necesaria
- sal al gusto

Preparación

Licuar los granos de elote con muy poca agua. Colar el producto con un trozo de tela de hilo o algodón. Hervir el líquido obtenido 2 minutos a fuego lento,

Agua de flor de jamaica

el azúcar al agua restante y mezclar bien para disolverla. Añadir el jugo de limón y el concentrado. Servir muy fría o con mucho hielo.

Atole de elote

agregar la canela, el azúcar y la sal. Enfriar antes de consumir.

125

Fresco de suchiles

Rinde: 15 jarros
Tiempo: 10 minutos, más 3 días de fermentación

Ingredientes

- cáscara de una piña
- ½ kg de **maíz amarillo tostado** (aprox. 1 lb)
- 2 **panelas**
- 150 gr de anís (aprox. 5 oz)
- 100 gr de pimienta gorda (aprox. ¼ de lb)
- 1 lasca de **jengibre**
- 3 litros de agua

Preparación

- Colocar los ingredientes en un recipiente de barro; taparlo. Dejar reposar tres días o hasta que fermente. Servir frío.

Rinde: **5 porciones**
Tiempo: **25 minutos**

Ingredientes

- ⅄ 6 tomates
- ⅄ ½ manojo de cilantro
- ⅄ ½ cebolla
- ⅄ 1 limón
- ⅄ sal al gusto
- ⅄ chile jalapeño o serrano al gusto

Preparación

- ⊞ Hervir los tomates 5 minutos. Cuando estén suaves, quitarles la piel y machacarlos. Picar la cebolla y el

Rinde: **3 porciones**
Tiempo: **25 minutos**

Ingredientes:

- ⅄ 1 lata de **frijoles negros**
- ⅄ 2 o 3 **tomates**
- ⅄ sal al gusto
- ⅄ aceite vegetal, el necesario
- ⅄ unas ramitas de **epazote**
- ⅄ 1 cebolla

Preparación:

- ⊞ Picar finamente el tomate, el epazote y la cebolla. En un cazo o en una sartén calentar el aceite y

Chirmol guatemalteco

cilantro, agregar el tomate, la sal, el limón y chile si se desea.

Frijoles fritos

freír la cebolla hasta que esté blanda. Incorporar el tomate. Mantener a fuego bajo y agregar los frijoles. Mover hasta que todo hierva y deshacer los frijoles presionándolos con un tenedor. Agregar la sal. Servir acompañado de tortillas o tostadas con crema

Y para acompañar...

Glosario

agua de coco: coconut water

aguardiente: white spirit, firewater

anís: anise

azúcar pulverizada: powder sugar

canela: cinnamon

cerveza negra: dark beer

cilantro: coriander

epazote: wormseed

flor de jamaica: jamaica rose, hibiscus

frijoles negros: black beans

granos de elote: corn kernel

jarabe de azúcar morena: raw sugar syrup

jengibre: ginger

lima: lime

maíz amarillo tostado: toasted yellow corn

palillos de madera: toothpicks

panela: packed brown sugar

pimienta gorda: allspice

plátano (banano): banana

queso blanco: white cheese

queso blanco rallado: shredded white cheese

refresco de jamaica: water from jamaica rose (hibiscus)

refresco de tamarindo: tamarind water

tocino o panceta ahumada: smoked bacon

tomates: tomato

Honduras

Se localiza en la mitad de América Central. Al norte limita con Guatemala y con el océano Atlántico. Al sur comparte fronteras con El Salvador y Nicaragua. Honduras tiene numerosas islas en el Mar Caribe, entre ellas las Islas Bahía y Roatán. En el límite sur, que toca el océano Pacífico, también existen islas, cayos e islotes que son parte del territorio nacional hondureño.

Honduras es un país multiétnico. Está formado por una gran diversidad de grupos raciales que día a día enriquecen la cultura hondureña. Su composición étnica es la siguiente: 1% blancos, 2% negros garífunas y 6% indígenas. El resto de la población es mayoritariamente mestiza.

Honduras tuvo una historia colonial de más de 300 años. Ese pasado colonial se observa en iglesias y edificios públicos. La presencia indígena se respira en vestigios arqueológicos de enorme importancia. Fue la última frontera del área cultural conocida como Mesoamérica. En territorio hondureño también floreció la civilización maya, que dejó su huella en la ciudad de Copán y en el sitio conocido como El Puente. Ambos lugares, orgullo de los hondureños, son visitados por miles de turistas de todo el mundo.

En la gastronomía hondureña tradicional no pueden faltar los frijoles, el arroz y el maíz. Las baleadas son el platillo preferido por los hondureños. Se trata de tortillas de harina de trigo rellenas con frijoles fritos, queso, crema o mantequilla líquida. Las pupusas tampoco pueden faltar en una casa hondureña. Otros platos típicos son la carne asada y el chorizo, ambos acompañados de frijoles fritos, chismol, aguacate, queso y tortilla. La bebida hondureña es la horchata, que se elabora con ingredientes propios de cada región..

Calor púrpura

Rinde: 1 copa
Tiempo: 10 minutos

Ingredientes

- 1 medida de brandy (1 oz)
- ½ medida de Kalhúa (licor de cafe) (½ oz)
- ½ medida de Blue curasao (½ oz)
- 1 pizca de **canela** en polvo

Preparación

Colocar los licores en una coctelera. Mezclar y servir en una copa pequeña. Añadir canela en polvo..

Coctel de Roatán

Rinde: 20 copas
Tiempo: 1 hora

Ingredientes:

- ⅄ 3 tazas de aguardiente
- ⅄ 1 taza de almíbar de azúcar
- ⅄ 2 **clavos de olor**
- ⅄ 2 tazas de licor de melocotón
- ⅄ la cáscara de 1 limón rallada
- ⅄ hojas de menta
- ⅄ jugo de 2 naranjas
- ⅄ 2 naranjas peladas y cortadas en rodajas finas
- ⅄ 2 tazas de ron
- ⅄ 3 litros de té limón (¾ de galón)

Preparación:

- Mezclar en una jarra todos los ingredientes, excepto el té y los clavos. Dejar reposar por 3 horas. Preparar 3 litros de té de hojas de limón y de clavos. Verter el té caliente sobre los ingredientes de la jarra. Dejar que enfríe y ponerlo en la nevera. Servirlo fresco en copas de coctel o de vino acompañado si se desea de una rodaja de naranja. Decorar con una hoja de menta.

- (Nota: el almíbar se prepara diluyendo el azúcar en agua y calentándolo a fuego medio hasta que espese.)

Copán de noche

Rinde: 1 copa
Tiempo: 5 minutos

Ingredientes:

- 2 medidas de vermouth rojo (2 oz)
- 2 medidas de whisky escocés (2 oz)
- tres gotas de Benedictine
- corteza de un limón
- hielo

Preparación:

- Mezclar todos los ingredientes en vaso mezclador y servir en copa de coctel con una corteza de limón encima..

Crush de limón y jenjibre

Rinde: 2 copas
Tiempo: 5 minutos

Ingredientes:

- 1 trozo de **jengibre** de 2.5 cm (aprox. 1'') pelado y picado
- 1 taza de agua
- 1 taza de jugo de lima
- ½ taza de azúcar
- 1 taza de cubos de hielo
- 1 raja de lima para adornar

Preparación:

- En la licuadora combinar el jengibre, el agua, el jugo de lima, el azúcar y los cubos de hielo. Licuar hasta que el hielo haga escarcha. Servir inmediatamente en una copa de coctel. Adornar con una raja de lima.

Dama blanca

Rinde: 1 vaso
Tiempo: 5 minutos

Ingredientes

- 1 medida de dry gin (1 oz)
- 10 medidas de coñac (10 oz)
- 10 medidas de jugo de limón (10 oz)
- hielo

Preparación

- Batir todos los ingredientes en la coctelera. Servir en una copa baja.

Kalhúa con crema

Rinde: 4 vasos
Tiempo: 15 minutos

Ingredientes

- 3 huevos
- ½ taza de azúcar
- ½ cucharadita de extracto de vainilla
- ¼ de taza de brandy
- 1 taza de Kalhúa
- 1 taza de crema batida
- 1 taza de leche
- **canela** para adornar

Preparación

- En la batidora eléctrica, batir los huevos de 2 a 3 minutos a velocidad media. Gradualmente, añadir el azúcar y la vainilla. Dejar de batir y añadir el brandy frío, la Kalhúa, la crema batida y la leche. Servir en copa o vaso pequeño y adornar con canela.

Rompopo

Rinde: 20 copas
Tiempo: 3 horas

Ingredientes

- 6 litros de leche (aprox. 1½ galón)
- 250 gr de **canela** en raja (astilla) (aprox. ½ lb)
- 1 botella de aguardiente
- 500 gr de azúcar (aprox. 1 lb)
- 3 cucharadas de **nuez moscada**
- 12 yemas de huevo

Preparación

- Hervir la leche con el azúcar, la canela en astilla y la

nuez moscada. Mientras hierve, batir las yemas con la batidora hasta que espesen. Cuando la leche hierva, agregar las yemas. Batir rápidamente para que las yemas no se cocinen.

Enfriar un poco. Incorporar el aguardiente y batir 3 minutos más. Embotellar cuidando de tapar muy bien. Enfriar en la nevera.

(Nota: al rompopo nunca se le pone hielo.)

Ponche navideño

Rinde: 6 copas
Tiempo: 5 minutos

Ingredientes

- 5 tazas de leche
- 3 cucharadas de polvo para natillas
- 6 yemas de huevo
- 1 cucharada pequeña de vainilla
- 1 lata de leche condensada
- 2 tazas de ron

Preparación

- Cocinar a fuego lento todos los ingredientes, excepto el ron, hasta que espesen.

- Retirar del fuego e incorporar el ron. Licuar por 2 minutos. Refrigerar 1 hora.

Trago negro

Rinde: 1 vaso
Tiempo: 5 minutos

Ingredientes

- 2 medidas de vodka (2 oz)
- 1 medida de Kahlúa (1 oz)
- hielo

Preparación

- Poner el hielo en la coctelera. Añadir el vodka y el Kahlúa. Agitar durante 10 segundos. Servir en una copa de coctel.

Whisky sour

Rinde: 1 copa
Tiempo: 5 minutos

Ingredientes

- 3 medidas de whisky (3 oz)
- ½ medida de jugo de limón (½ oz)
- 2 cucharadas de azúcar
- 4 cubos de hielo
- 1 rajita de limón

Preparación

- En una coctelera colocar todos los ingredientes. Mezclar y servir en copa de coctel decorada con una rajita de limón.

Atol

Rinde: 12 vasos
Tiempo: 1 hora

Ingredientes

- 10 **mazorcas** de maíz verde
- 2 litros de agua o leche (aprox. ½ galón)
- 5 rajas de **canela**
- 3 rajas de vainilla
- 250 gr de azúcar (aprox. ½ lb)
- hielo

Preparación

Desgranar y machacar el maíz de la mazorca verde. En una olla poner el maíz, el agua o la leche, la canela, la vainilla y el azúcar al gusto. Hervir moviendo constantemente hasta que la mezcla espese. Esperar a que se enfríe. Servir con hielo.

Pinol

Rinde: 4 vasos
Tiempo: 30 minutos

Ingredientes

- 250 gr de **pinol** (maíz tostado con **canela** y cacao) (aprox. ½ lb)
- 1 litro de agua (aprox. ¼ de galón)
- ½ litro de leche (aprox. 16 oz)
- azúcar al gusto

Preparación

Colocar todos los ingredientes en una olla. Hervir a fuego lento por 5 minutos, dejar enfriar y servir frío.

Pozol

Rinde: 12 vasos
Tiempo: 2 horas

Ingredientes

- 𝖸 1 kg de maíz (aprox. 2 lbs)
- 𝖸 3 litros de agua (aprox. ¾ de galón)
- 𝖸 250 gr de azúcar sin refinar (aprox. ½ lb)

Preparación

🎲 Hervir el maíz hasta que reviente el grano. Dejar enfriar. Triturar el maíz cuando esté frío. Disolver un poco de azúcar en el agua y agregarla al maíz; mezclar. Servir con hielo.

Refresco de cebada

Rinde: 8 vasos
Tiempo: 1 hora

Ingredientes

- 𝖸 10 **pimientas**
- 𝖸 150 gr de **cebada en polvo** (aprox. 5 oz)
- 𝖸 1 litro de agua (aprox. ¼ de galón)
- 𝖸 azúcar al gusto
- 𝖸 2 cucharadas de esencia de frambuesa
- 𝖸 hielo picado

Preparación

🎲 Hervir el agua con la pimienta. Mientras tanto, diluir la **cebada** en una taza de agua fría. Cuando el agua y la pimienta hiervan, agregar la **cebada**. Apagar al primer hervor. Enfriar y colar. Agregar azúcar al gusto y dos cucharadas de esencia de frambuesa. Se sirve con hielo picado.

137

Y para acompañar...

Tortas de plátano

Rinde: 3 porciones
Tiempo: 1 hora

Ingredientes:

- 3 plátanos bien maduros
- 3 cucharadas de harina
- 4 cucharadas de mantequilla derretida
- ¾ de taza de **frijoles** cocidos
- ¾ de taza de **manteca**

Preparación:

- Hervir los plátanos 2 minutos, retirarlos del agua y machacar uno por uno, sin que pierdan su forma alargada. Regresar los plátanos al agua y agregar la harina y la mantequilla. Mezclar nuevamente.

- En un sartén freír los frijoles con una cucharada de manteca, aproximadamente 5 minutos.

- Calentar la otra parte de la manteca en otra sartén y freír los plátanos, aplastándolos con un tenedor por 5 minutos. Retirarlos y colocarlos en papel absorbente. Poner una cucharadita de frijoles fritos en cada plátano y doblarlo. Freírlos nuevamente hasta que estén dorados.

Glosario

canela: cinnamon
cebada en polvo: barley powder
clavos de olor: cloves
jengibre: ginger
manteca: fat

mazorca verde (choclo, elote, jojoto): fresh corn
nuez moscada: nutmeg
pimientas: pepper
pinol: powder used to make gritty drinks
yuca: cassava

México

Se ubica en América del Norte, limita al sureste con Guatemala y Belice, al norte con Estados Unidos, al este con el Golfo de México y el Mar Caribe y al oeste con el océano Pacífico. El territorio mexicano es el quinto más grande de América, su diversidad natural y cultural lo convierten en un país turístico por excelencia.

Al igual que la mayoría de los países del centro y sur de América, México es mestizo: resultado de la fusión de la sangre indígena con la española. Se enorgullece de su enorme riqueza cultural. Fue cuna de grandes civilizaciones prehispánicas como la maya, la olmeca, la azteca, la tlaxcalteca y la mixteca.

Posee un enorme patrimonio arqueológico, turistas de todo el mundo visitan a diario los vestigios de las ciudades del pasado. Algunos de los lugares más visitados son Teotihuacán, ubicado cerca de la ciudad de México, Monte Albán, en el estado de Oaxaca y Chichén Itzá, Tulúm y Uxmal en la península de Yucatán.

El legado colonial es igualmente rico e importante: a lo largo de todo el territorio mexicano se observan iglesias, imponentes edificios, monumentales construcciones, calles y acueductos, algunos de los cuales se remontan al siglo XVI.

A los mexicanos les gusta cuidar sus costumbres y tradiciones, como lo demuestra la fiesta nacional del Día de Muertos. Cuenta, también, con hermosas playas reconocidas mundialmente, como Acapulco y Huatulco en la costa del Pacífico; Cancún, Playa del Carmen y Cozumel en el Mar Caribe, y Los Cabos en la península de Baja California. La comida mexicana es famosa por su sabor y diversidad. Incluye elaborados platillos como mole, pozole, tamales, chiles en nogada y mixiotes. Guacamole, tacos, quesadillas y enchiladas son también de los más gustados. La bebida nacional es el tequila, con él se elaboran infinidad de cocteles. Asimismo hay otras bebidas típicas como mezcal, curados de frutas, aguardiente, pulque y cerveza.

Acapulco de noche

Rinde: 1 copa
Tiempo: 5 minutos

Ingredientes:

- Y 2 medidas de tequila blanco (2 oz)
- Y 1 medida de ron blanco (1 oz)
- Y 3 medidas de jugo de naranja (3 oz)
- Y **azúcar negra** al gusto
- Y ½ taza de hielo picado

Preparación:

- Verter los ingredientes en una coctelera, mezclar y servir en una copa de coctel.

Caballito

Rinde: 1 vaso
Tiempo: 5 minutos

Ingredientes:

- Y 2 medidas de tequila (2 oz)
- Y 1 medida de jugo de limón (1 oz)
- Y 1 cucharadita de **miel**
- Y hielo en cubos

Preparación:

- Colocar los ingredientes en un vaso mezclador, agitar y servir en un vaso corto.

Charro negro

Rinde: 1 vaso
Tiempo: 5 minutos

Ingredientes:

- 2 medidas de tequila (2 oz)
- refresco de cola, cantidad necesaria
- 1 cucharadita de limón
- pizca de sal
- hielo

Preparación:

- Verter en un vaso alto con hielo el limón, la sal y el tequila; rellenar con refresco de cola. Revolver con un mezclador.

Daiquiri tequila

Rinde: 1 copa
Tiempo: 5 minutos

Ingredientes:

- 2 medidas de tequila (2 oz)
- ½ medida de jugo de limón (½ oz)
- ½ medida de almíbar de azúcar (½ oz)

Preparación:

- Verter los ingredientes en vaso mezclador, agitar y servir en un copa coctelera.

Margarita

Rinde: 1 copa
Tiempo: 5 minutos

Ingredientes:

- ♈ 2 medidas de tequila (2 oz)
- ♈ 1 medida de Cointreau (1 oz)
- ♈ 1 medida de jugo de limón (1 oz)
- ♈ hielo frappé

Preparación:

🎲 Verter los ingredientes en un vaso mezclador, agitar y servir en una copa de coctel escarchada con sal y limón.

Mexicola

Rinde: 1 vaso
Tiempo: 5 minutos

Ingredientes:

- ♈ 2 medidas de tequila (2 oz)
- ♈ 1 medida de jugo de lima (1 oz)
- ♈ refresco de cola, cantidad necesaria
- ♈ hielo

Preparación:

🎲 Verter el tequila y el jugo de lima en un vaso alto con hielo, rellenar con el refresco de cola y revolver con un mezclador.

México lindo

Rinde: 1 copa
Tiempo: 5 minutos

Ingredientes:

- Y   1 medida de tequila (1 oz)
- Y   ½ medida de jugo de limón (½ oz)
- Y   ½ medida de curasao (½ oz)
- Y   ½ taza de hielo picado (½ oz)
- Y   1 cereza para adornar

Preparación:

🎲   Verter los ingredientes en vaso mezclador, agitar y servir en copa coctelera. Decorar con la cereza.

Muppet

Rinde: 1 copa
Tiempo: 5 minutos

Ingredientes:

- Y   1 medida de tequila blanco (1 oz)
- Y   refresco de **lima**-limón

Preparación:

🎲   Verter el tequila en un caballito (vaso pequeño de 1 oz); rellenar con el refresco, tapar con una servilleta, sujetar fuertemente y golpear la base de la copa contra la mesa. Consumir inmediatamente de un trago.

Paloma

Rinde: 1 vaso
Tiempo: 5 minutos

Ingredientes:

- 2 medidas de tequila (2 oz)
- 1 refresco de **toronja**
- 1 cucharadita de limón
- una pizca de sal
- 1 rodaja de limón para adornar
- hielo

Preparación:

- Verter todos los ingredientes en un vaso alto escarchado y con hielos. Revolver con un mezclador y si se desea adornar con rodaja de limón.

Submarino

Rinde: 1 tarro
Tiempo: 5 minutos

Ingredientes:

- 1 cerveza
- 2 medidas de tequila (2 oz)

Preparación:

- Verter el tequila en un caballito (vaso de 1 oz), colocar sobre el caballito un tarro de cerveza invertido. Presionar el caballito y voltear el tarro rápidamente evitando que se derrame el tequila. Verter la cerveza lentamente en el tarro. Al beber la cerveza, el caballito de tequila se levantará y permitirá que ambos se mezclen lentamente.

Tequila macho

Rinde: 1 vaso
Tiempo: 5 minutos

Ingredientes:

- 3 medidas de tequila (3 oz)
- 3 medidas de refresco de **toronja** (3 oz)
- 1 cucharadita de jugo de limón
- 1 **chile verde** pequeño y entero
- sal al gusto

Preparación:

- Verter los ingredientes en un vaso mezclador, agitar. Servir en una copa de coctel escarchada con sal y limón.

Tequila tex-mex

Rinde: 1 vaso
Tiempo: 5 minutos

Ingredientes:

- 3 medidas de tequila (3 oz)
- 1 cucharadita de **salsa Tabasco**

Preparación:

- Verter el tequila en un vaso, agregar la salsa y revolver con un mezclador. Es recomendable beberlo en dosis pequeñas.

Agua de horchata

Rinde: 15 vasos
Tiempo: 30 minutos

Ingredientes:

- 250 gr de arroz (aprox. ½ lb)
- 3 litros de agua (aprox. ¾ de gal)
- ½ melón picado en trozos pequeños
- 250 gr de nueces en trozos (aprox. ½ lb)
- 250 gr de azúcar (aprox. ½ lb)
- ½ cucharadita de **esencia de vainilla**
- **canela en polvo**
- hielo

Preparación:

Moler el arroz en una licuadora, sin agua, hasta conseguir un polvo fino. Verter el agua en un recipiente grande, agregar el polvo de arroz, el azúcar y la esencia de vainilla, mezclar y dejar reposar 15 minutos. Pasado ese tiempo, agregar hielo, el melón y la nuez, mezclar y servir en vasos de cristal. Espolvorear con canela al momento de servir.

Atole

Rinde: 15 tazas
Tiempo: 25 minutos

empiece a hervir agregar el piloncillo picado, la leche y revolver hasta que el arroz esté bien cocido. Servir en taza de cerámica.

Ingredientes:

- 4 litros de leche (aprox. 1 galón)
- 250 gr de arroz (1 lb)
- 250 gr de **piloncillo** (1 lb)
- 2 varitas de **canela**
- 4 tazas de agua

Preparación:

- Lavar el arroz con agua tibia. Colocar en el fuego una olla con 4 tazas de agua, el arroz y la canela. Cuando

Champurrado

Rinde: 5 tazas
Tiempo: 25 minutos

masa en un poco de agua. Agregar la masa, el chocolate y el azúcar a la leche hirviendo, mezclar 2 minutos y retirar del fuego. Servir en taza de cerámica.

Ingredientes:

- 1½ litros de leche (aprox. ½ galón)
- ¼ de **masa (Maseca)** preparada (seguir instrucciones del fabricante)
- 1 taza de azúcar
- 1 varita de canela
- 1 tablilla de chocolate

Preparación:

- Hervir la leche con la canela en una olla. Deshacer la

Chocolate caliente

Rinde: 4 tazas
Tiempo: 20 minutos

Ingredientes:

- Y 2 tabletas de chocolate mexicano
- Y 1 litro de leche o agua (aprox. ¼ de galón)

Preparación:

Hervir el agua o la leche en una olla, agregar el chocolate y hervir hasta que se deshaga. Mover constantemente y servir en taza de barro o cerámica.

Guacamole

Rinde: 10 porciones
Tiempo: 15 minutos

Ingredientes:

- 5 **aguacates**
- 5 **ramitas de cilantro**
- 3 **tomates**
- ½ cebolla
- 1 limón
- 2 **chiles verdes**
- Queso blanco rallado

Preparación:

- Picar en trozos pequeños la cebolla, el tomate y el aguacate. Picar finamente el cilantro, la cebolla y los

chiles. Colocar los ingredientes en un recipiente, agregar el jugo de limón y aderezar con sal. Mezclar y servir.

Quesadillas

Rinde: 10 porciones
Tiempo: 15 minutos

Ingredientes:

- 10 **tortillas de maíz**
- 250 gr de **quesillo** o queso que se derrita fácilmente (aprox. ½ lb)
- **salsa picante** o
- guacamole

Preparación:

- Deshebrar el queso y poner una porción en cada una de las tortillas. Doblarlas por la mitad y colocarlas en una sartén caliente, voltear dos o tres veces hasta que se derrita el queso. Dejar enfriar un

poco y abrir la quesadilla, agregarle salsa o guacamole al gusto.

Glosario

aguacate: avocado

albaricoque: apricot

almíbar de azúcar: sugar syrup

azúcar negra: raw sugar

canela en polvo: ground cinnamon

chile verde: green chili pepper

crema de leche: table cream

esencia de vainilla: vanilla essence

jarabe: syrup

lima: lime

masa de harina de maíz (Maseca): corn meal dough

miel: honey

nuez: walnut pecan

pechuga de pollo cocida: cooked chicken breast

piloncillo (panela): block of unrefined brown sugar

quesillo: soft white cheese

ramitas de cilantro: coriander sprigs

salsa picante: hot sauce

salsa Tabasco: Tabasco sauce

tomates: tomatoes

toronja: grapefruit

tortilla de maíz: corn tortilla

Nicaragua

Nicaragua está ubicado en el centro del continente americano. Limita al norte con Honduras, al sur con Costa Rica, al este con el Mar Caribe y al oeste con el océano Atlántico. Nicaragua es un bello país de paisajes multicolores. El mar, los volcanes espectaculares, los enormes lagos y lagunas albergan una enorme variedad de flora y fauna. Vestigios arqueológicos, importantes ciudades coloniales, una rica gastronomía y su gente cálida y amable motivan un entrañable recuerdo en la persona que lo visita. La cultura de Nicaragua es el resultado del encuentro de tradiciones indígenas, africanas y europeas, lo cual lo convierte en un país pintoresco, alegre y creativo. La música y el baile tradicional nicaragüense tienen diferentes matices de acuerdo con cada región. Las danzas con influencia africana se bailan en la región del Caribe, en el Pacífico los bailes típicos son *El Toro Huaco* y el *Güegüense* o *Macho Ratón*, ambos de fuerte influencia mestiza, mientras en el centro y sur del país se bailan las polkas y las mazurcas de origen europeo. La gastronomía nicaragüense es variada, nutritiva y muy creativa. Su platillo principal es el gallo pinto; delicia que se consume a diario. El gallo pinto es una mezcla de arroz frito con cebolla, chiltoma (pimiento) y frijoles rojos cocidos con ajo. Otros de sus platillos típicos se elaboran con maíz como la chicha, el pinolillo, el nacatamal, el indio viejo y la sopa de albóndiga. Los nicaragüenses gustan de tomar ron y producen rones de calidad reconocida, como el Ron Flor de Caña. La cerveza también es una bebida solicitada y, entre las cervezas locales, destaca la "Toña".

Acelerador

Rinde: 1 vaso
Tiempo: 5 minutos

Ingredientes:

- Y 1 medida de ron Flor de Caña (1 oz)
- Y 1 copa de vino de vino blanco frío
- Y 1 cucharadita de **miel**

Preparación:

En un vaso alto verter el ron y, enseguida, la miel. Disolverla con una cuchara. Por último, agregar el vino frío.

Bomba de tiempo

Rinde: 1 vaso
Tiempo: 5 minutos

Ingredientes:

- Y 2 medidas de ron Flor de Caña (2 oz)
- Y 2 medidas de Kalhúa (2 oz)
- Y refresco de cola frío, cantidad necesaria

Preparación:

Poner el hielo en un vaso alto. Verter el ron y la Kalhúa, revolver. Terminar de llenar el vaso con el refresco de cola.

Flor de Caña rosado

Rinde: 1 copa
Tiempo: 5 minutos

Ingredientes:

- 2 medidas de ron Flor de Caña (2 oz)
- ½ medida de jugo de limón (½ oz)
- 1 cucharadita de granadina
- hielo picado

Preparación:

Mezclar los ingredientes en una coctelera. Servir en copa de champán.

Flor y rocas

Rinde: 1 vaso
Tiempo: 5 minutos

Ingredientes:

- 3 medidas de ron Flor de Caña Añejo (3 oz)
- hielo

Preparación:

Colocar hielos en un vaso corto y agregar el ron.

La locura

s

Rinde: 1 copa
Tiempo: 5 minutos

Ingredientes:

- 2 medidas de ron Flor de Caña (2 oz)
- 1 medida de Cointreau (1 oz)
- 1 medida de brandy (1 oz)
- 1 cucharada de jugo de limón
- hielo picado

Preparación:

- Mezclar todos los ingredientes en una coctelera. Servir en copa de champán o coctelera.

Macuá

Rinde: 1 copa
Tiempo: 5 minutos

Ingredientes:

- 2 medidas de ron blanco (2 oz)
- 2 medidas de jugo de **guayaba** (2 oz)
- 1 cucharadita de jugo de limón
- hielo
- azúcar al gusto

Preparación:

- Mezclar los ingredientes en una coctelera. Servir bien frío en una copa de coctel.

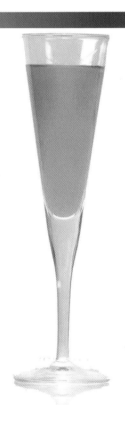

Mojito nica

Rinde: 1 vaso
Tiempo: 5 minutos

Ingredientes:

- 🍸 2 medidas de ron Flor de Caña 4 años (2 oz)
- 🍸 1 bebida energética
- 🍸 **albahaca,** cantidad necesaria
- 🍸 ½ medida de jugo de limón
- 🍸 1 medida de **almíbar** de azúcar (1 oz)
- 🍸 hielo

Preparación:

🎲 En un vaso alto, poner hojas de albahaca, verter el limón, machacar con una cuchara y añadir el almíbar. Agregar hielo hasta el tope del vaso y verter el ron Flor de Caña. Terminar de llenar el vaso con la bebida energética y mezclar.

Nicaragua libre

Rinde: 1 vaso
Tiempo: 5 minutos

Ingredientes

- 🍸 3 medidas de ron Flor de Caña (3 oz)
- 🍸 ½ medida de jugo de limón (½ oz)
- 🍸 refresco de cola, cantidad necesaria
- 🍸 hielo

Preparación

🎲 En un vaso alto con hielo servir el ron y el jugo de limón. Llenar el vaso con el refresco de cola. Remover.

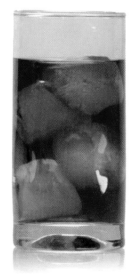

Ron chocolate

Rinde: 1 copa
Tiempo: 5 minutos

Ingredientes:

- ⅄ 1 medida de ron Flor de Caña (1 oz)
- ⅄ ½ medida de licor de leche (½ oz)
- ⅄ ½ medida de licor de plátano (½ oz)
- ⅄ 1 **plátano**
- ⅄ 2 cucharadas de chocolate fundido
- ⅄ hielo

Preparación:

- Licuar todos los ingredientes y servir en copa coctelera.

Chicha de jengibre

Rinde: 10 tazas
Tiempo: 40 minutos

Ingredientes:

- ⅋ 2 litros de agua (aprox. ½ gal)
- ⅋ 1 pedazo de **jengibre** fresco macerado
- ⅋ 3 **astillas de canela**
- ⅋ 3 **clavos de olor**
- ⅋ azúcar al gusto

Preparación:

🎲 Colocar el jengibre, los clavos, las astillas de canela y el agua en una olla a fuego lento hasta que hierva. Colar y agregar azúcar al gusto. Refrigerar y servir frío.

Chicha de maíz

Rinde: 10 tarros
Tiempo: 25 minutos, más 3 días de reposo

Ingredientes:

- ⅋ la cáscara de 1 piña
- ⅋ 2 litros de agua (aprox. ½ gal)
- ⅋ ½ taza de granos de **maíz fresco**
- ⅋ azúcar al gusto

Preparación:

🎲 Colocar las cáscaras de piña, el maíz y el agua en frasco de vidrio o vasija de barro. Tapar con un lienzo y dejar reposar a temperatura ambiente 3 días. Colar y agregar azúcar al gusto. Refrigerar y servir frío.

Fresco de piña y arroz

Rinde: 10 vasos
Tiempo: 50 minutos

enfriar y colar; añadir el doble de agua que se obtuvo de la olla y agregar azúcar al gusto. Servir frío.

Ingredientes:

- la cáscara de una piña
- 2 litros de agua (aprox. ½ gal)
- ½ taza de arroz
- azúcar al gusto

Preparación:

Colocar la cáscara de piña en una olla, cubrirla con agua. Hervir 10 minutos y añadir el arroz crudo, mantener el hervor hasta que el arroz abra. Dejar

Wabul

Rinde: 10 tazas
Tiempo: 45 minutos

Ingredientes:

- 10 **plátanos** verdes, casi maduros o amarillos, limpios y cortados en cuadritos
- agua, la necesaria
- 2 tazas de leche de coco
- azúcar al gusto

Preparación:

Colocar en una olla los plátanos y cubrirlos con agua, hervir 20 minutos. Escurrir y machacar hasta obtener una masa homogénea. Mezclar con la leche de coco. Agregar azúcar al gusto. Servir caliente.

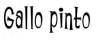

Gallo pinto

Rinde: 6 porciones
Tiempo: 30 minutos

Ingredientes:

- aceite vegetal, el necesario
- ½ kg de **frijoles rojos** cocidos (aprox. 1 lb)
- ½ kg de arroz blanco cocido (aprox. 1 lb)

Preparación

Calentar el aceite en un cazo grande, mezclar el arroz blanco cocido y los frijoles, sofreír revolviendo hasta que esté suave y homogéneo.

Maíz asado

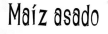

Rinde: 5 porciones
Tiempo: 20 minutos

Ingredientes:

- 5 **elotes** tiernos
- sal, cantidad necesaria
- jugo de limón, cantidad necesaria

Preparación:

Limpiar de hojas el elote y asarlo. Voltearlo constantemente para que se cocine en forma homogénea. Una vez que los granos de elote se tornen café oscuro o negro retirar del fuego. Untarlo con limón y ponerle sal.

Glosario

albahaca: basil

almíbar: syrup

astillas de canela: cinnamon sticks

canela: cinnamon

chiltoma (pimiento): red pepper

clavos de olor: cloves

elotes (choclos): sweet corn

frijoles rojos: red beans

guayaba: guava

jengibre: ginger

miel: honey

plátano (banano): banana

Panamá

Panamá es una nación centroamericana que limita con Costa Rica, Colombia, el mar Caribe y el océano Pacífico. Su especial ubicación la convierte en un país prácticamente volcado hacia el mar. En su territorio se encuentra el Canal de Panamá, única vía fluvial que comunica los océanos Pacífico y Atlántico. Por esta razón, la economía panameña está basada en gran medida en las actividades ligadas a la navegación por el Canal.

La población de Panamá es, en su mayoría, mestiza: mezcla de indígenas, africanos y españoles. Sin embargo, hoy en día viven seis naciones indígenas en su territorio, las cuales conforman 10% de la población total de este país. Las etnias bokota, bribri, emberá-wounaan, kuna, ngöbe-buglé y teribe conservan y practican costumbres ancestrales. Panamá es un hermoso país que cuenta con vestigios arqueológicos como Panamá Viejo y ciudades coloniales con enormes fortalezas, iglesias y monasterios que datan del siglo XVI.

Gracias a su diversidad cultural, Panamá tiene una rica y variada gastronomía. Prueba de ello son las deliciosas sopas como el "sancocho" y el "fu-fú", y sus variados platillos elaborados con base en pescados y mariscos como mejillones, salmón, camarones y pulpo, entre otras delicias del mar, de excelente calidad y frescura.

El folclor panameño es rico y variado en cada región. El traje típico de este país es la "pollera", cuyos colores se funden con la música y el baile para generar alegres carnavales que se celebran en todo el país durante el mes de febrero.

Coctel de maracuyá

Rinde: 10 copas
Tiempo: 10 minutos

Ingredientes:

- ♈ 1 litro de jugo de **maracuyá** (aprox. ¼ de gal)
- ♈ 1 litro de ron (aprox. ¼ de gal)
- ♈ 4 cucharadas de azúcar
- ♈ 1 cereza para adornar
- ♈ hielo granizado

Preparación:

🎲 Verter todos los ingredientes al vaso de la licuadora. Licuar 15 segundos. Servir en copa coctelera y adornar con una cereza

Daiquiri de frutillas

Rinde: 1 copa
Tiempo: 5 minutos

Ingredientes:

- ♈ 6 **frutillas** grandes
- ♈ 2 cucharadas de jugo de lima
- ♈ 1 cucharada de azúcar
- ♈ 4 medidas de ron dorado (4 oz)
- ♈ 4 cubitos de hielo

Preparación:

🎲 Licuar todos los ingredientes durante 10 segundos. Servir en una copa alta.

El Canal

Rinde: 1 vaso
Tiempo: 15 minutos

Ingredientes:

- 1 clara de huevo
- 3 medidas de ron (3 oz)
- ½ cucharadita de azúcar
- 1 medida de agua (1 oz)

Preparación:

Batir a punto de nieve la clara de huevo. En la coctelera mezclar la clara batida con el azúcar, el agua y el ron. Servir en vaso corto. Consumir de inmediato.

Guanaja sunset

Rinde: 1 vaso
Tiempo: 5 minutos

Ingredientes:

- 1 medida de ron blanco (1 oz)
- 1 medida de ron dorado (1 oz)
- 1 medida de granadina (1 oz)
- 4 medidas de jugo de piña (4 oz)
- hielo en cubos

Preparación:

Mojar las paredes de un vaso alto con granadina, agregar el hielo, los dos tipos de ron, y por último, el jugo de piña. Revolver y servir en una copa de coctel.

Manada

Rinde: 1 vaso
Tiempo: 5 minutos

Ingredientes:

- ⅄ 2 medidas de vodka (2 oz)
- ⅄ 2 medidas de Baileys (2 oz)
- ⅄ 1 medida de **crema batida** para adornar (1 oz)
- ⅄ hielo

Preparación:

- ▦ En un vaso largo con hielos, verter primero el vodka y después el Baileys. Adornar con crema batida.

Mix de frutas

Rinde: 5 copas
Tiempo: 15 minutos

Ingredientes:

- ⅄ 4 medidas de vodka de durazno (4 oz)
- ⅄ 2 medidas de licor de durazno (2 oz)
- ⅄ 2 medidas de licor de **frutillas**
- ⅄ 2 cucharadas de puré de **frutillas**
- ⅄ 1 cucharadita de jugo de limón
- ⅄ 1 botella de vino espumante blanco
- ⅄ 1 cereza para adornar
- ⅄ hielo

Preparación:

- ▦ Incorporar todos los ingredientes, excepto el vino, en una jarra y mezclarlos bien. Agregar el vino. Servir en una copa alta y adornar con una cereza.

Panamá cocktail

Rinde: 1 vaso
Tiempo: 5 minutos

Ingredientes:

- ❦ 1 medida de chocolate blanco líquido (1 oz)
- ❦ 2 medidas de brandy (2 oz)
- ❦ 2 cucharadas de **crema de leche**
- ❦ hielo

Preparación:

- ❦ Batir enérgicamente todos los ingredientes en la coctelera y servir en un vaso corto.

Ron menta

Rinde: 1 vaso
Tiempo: 25 minutos

Ingredientes:

- ❦ 2 medidas de ron (2 oz)
- ❦ 2 ramitas de menta
- ❦ 1 cucharada de azúcar
- ❦ 1 vaso de agua tónica (aprox. 8 oz)
- ❦ hielo

Preparación:

- ❦ Colocar en un cazo pequeño el ron, la menta y el azúcar. Calentar a fuego lento hasta que hierva y retirar. Esperar a que enfríe y servir en un vaso alto con los hielos y el agua tónica.

Ron ponche

Rinde: 12 vasos
Tiempo: 30 minutos

Agregar una cucharadita de esencia de vainilla y nuez moscada. Servir en vaso de una onza.

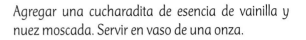

Ingredientes:

- Ⓨ   2 tazas de ron
- Ⓨ   4 latas grandes de leche evaporada
- Ⓨ   2 latas grandes de leche condensada
- Ⓨ   esencia de vainilla
- Ⓨ   **nuez moscada** al gusto
- Ⓨ   6 huevos

Preparación:

- Ⓨ   Batir los huevos y reservarlos. Batir las leches, agregar los huevos, añadir el ron y batirlo todo de nuevo.

Rosado

Rinde: 1 vaso
Tiempo: 5 minutos

Ingredientes:

- Ⓨ   1¼ medidas de ginebra fría (1¼ oz)
- Ⓨ   3 medidas de **crema de leche** (3 oz)
- Ⓨ   1 cucharadita de granadina

Preparación:

- 🎲   Verter los ingredientes en la coctelera, agitar y servir en una copa martini.

Saltamonte

Rinde: 1 vaso
Tiempo: 5 minutos

Ingredientes:

- 1¼ medidas de ron claro (1¼ oz)
- ½ medida de crema de cacao blanco (½ oz)
- 2 medidas de **crema de leche** (2 oz)
- 5 hojitas de **hierbabuena**
- hielo en cubos

Preparación:

Incorporar todos los ingredientes en una coctelera, mezclar y servir en un vaso alto con cubos de hielo. Adornar con crema batida.

Sidra cobbler

Rinde: 1 copa
Tiempo: 5 minutos

llenar la copa con sidra. Agregar fruta de la estación en trozos pequeños.

Ingredientes:

- 1 medida de Maraschino (1 oz)
- 1 medida de coñac (1 oz)
- 1 medida de curasao (1 oz)
- **sidra,** cantidad necesaria
- **fruta de la estación,** cantidad necesaria
- hielo picado

Preparación:

En una copa alta con hielo picado, agregar el azúcar, el Maraschino, el coñac y el curasao. Terminar de

Bebida de frutas

Rinde: 10 copas
Tiempo: 20 minutos

Ingredientes:

- Y 1 melón limpio y en cuadritos
- Y 500 gr de uva blanca (aprox. 1 lb.)
- Y 500 gr de uva negra (aprox. 1 lb.)
- Y ½ vaso de jugo de limón (aprox. 4 oz)
- Y 1 litro de té, el que se desee (aprox. ¼ de galón)
- Y 5 cucharadas de azúcar
- Y hielo

Preparación:

🎲 Licuar las uvas, el melón y el azúcar con 2 tazas de té. Colocar la mezcla en una ponchera, agregar el jugo de limón, el hielo y el resto del té. Servir en vasos para ponche.

Coctel de jugo de almeja

Rinde: 1 copa
Tiempo: 5 minutos

Ingredientes:

- Y 1 cucharadita de **salsa de tomate**
- Y ½ cucharadita de sal de apio
- Y 2 gotas de salsa Tabasco
- Y 5 medidas de **jugo de almejas** (5 oz)
- Y hielo

Preparación:

🎲 Mezclar todos los ingredientes en una coctelera. Servir en una copa alta o vaso pequeño.

Coffee punch

Rinde: 5 vasos
Tiempo: 25 minutos

Ingredientes:

- 1 litro de café bien cargado (aprox. ¼ de galón)
- ralladura de la cáscara de 2 naranjas
- ralladura de la cáscara de 2 limones
- 12 **clavos de olor**
- 4 **astillas de canela**
- 1 cucharadita de **nuez molida**
- 2 cucharadas de azúcar
- lascas de 1 mandarina
- hielo

Preparación:

Preparar un litro de café fuerte y enfriar. En un mortero machacar los clavos, la canela, la ralladura del limón, la naranja, la nuez molida y el azúcar. Mezclar hasta formar una pasta homogénea. En una jarra con hielo incorporar la mezcla y el café frío. Mezclar el contenido de la jarra y servir en vaso pequeño. Decorar con una lasca de mandarina.

Cypress garden

Rinde: 1 vaso
Tiempo: 5 minutos

Ingredientes:

- ½ medida de jugo de limón (½ oz)

- ¼ taza de jugo de naranja

- ½ taza de jugo de melocotón

- 1 rodaja de limón o

- 1 rodaja de naranja

- hielo

Preparación:

- Mezclar todos los ingredientes en una coctelera. Servir en vaso alto con una rodaja de limón o de naranja.

Leche con damasco

Rinde: 6 vasos
Tiempo: 5 minutos

Ingredientes:

- 4 tazas leche

- 8 **damascos** grandes y maduros

- ½ taza azúcar

- ½ taza hielo molido

Preparación:

- Licuar todos los ingredientes y servir bien frío en vaso corto.

Melón fresco

Rinde: 5 vasos
Tiempo: 5 minutos

Ingredientes:

- ½ melón limpio y en cuadritos
- 4 hojas de menta
- azúcar al gusto
- 1 litro de agua (aprox. ¼ de galón)
- hielo

Preparación:

Licuar todos los ingredientes. Servir en vaso alto.

Sunshine

Rinde: 1 vaso
Tiempo: 5 minutos

Ingredientes:

- 3 medidas de jugo de piña (3 oz)
- 3 medidas de jugo de naranja (3 oz)
- **soda,** cantidad necesaria
- hielo

Preparación:

Colocar el hielo, el jugo de piña y el de naranja en un vaso alto. Terminar de llenar con soda. Mezclar.

Y para acompañar...

Frituras de frijoles

Rinde: 4 porciones
Tiempo: 45 minutos, más 1 noche para remojar los frijoles

Ingredientes:

- 🍸 500 gr de **frijoles cabeza negra** (1 lb)
- 🍸 1 huevo
- 🍸 sal al gusto
- 🍸 aceite abundante para freír

Preparación:

🎲 Poner los frijoles en remojo durante una noche. A la mañana siguiente, escurrirles el agua y molerlos en licuadora o procesador hasta obtener un polvo fino. Agregar el huevo y batir con batidora por 15 minutos.

🎲 Calentar aceite en una sartén. Tomar porciones de la pasta del tamaño de una cuchara y freírlas hasta que estén bien doradas. Colocar las frituras sobre toallas de papel para retirar el exceso de aceite.

Salpicón de carne

Rinde: 4 porciones
Tiempo: 60 minutos

Ingredientes:

- 500 gr de carne molida (aprox. 1 lb)
- 1 cebolla molida
- 1 **ají** molido
- 2 cucharadas de **salsa de tomate**
- 1 cucharada de **vinagre**
- 1 **huevo duro**
- 1 zanahoria cocida partida en cuadritos
- 1 papa cocida partida en cuadritos
- 1 cucharada de **polvo de pan tostado**
- sal y **pimienta** al gusto

Preparación:

Mezclar la carne con la cebolla, el ají, la salsa de tomate y el vinagre; añadir sal y pimienta al gusto. Amasar hasta que todos los ingredientes se incorporen. Colocar la mitad de la carne en un molde redondo para hornear, poner en el centro un huevo partido en dos mitades, la zanahoria y la papa, cubrirlo con la otra mitad de la carne. Cubrir el molde con polvo de pan. Hornear 40 minutos a 250° C (480° F). Servir bien caliente.

Glosario

ají chombo (habanero): hot chili pepper

ají, chile o pimiento: chili pepper

canela en astillas: cinnamon sticks

clavos de olor: cloves

crema batida: whipped cream

crema de leche: heavy cream

damasco (albaricoque): apricot

frijoles cabeza negra: black beans

fruta de la estación: seasonal fruit

frutilla: berry, strawberry

hierbabuena: spearmint

huevo duro: boiled egg

jugo de almejas: clam juice

maracuyá: passion fruit

nuez molida: chopped walnuts

nuez moscada: nutmeg

pimienta: black pepper

polvo de pan tostado: bread crumbs

salsa de tomate: tomatoe sauce

sidra: cider

soda: club soda

vinagre: vinegar

Paraguay

Paraguay está ubicado en el centro de América del Sur. Limita al norte con Bolivia, al noroeste con Brasil y al suroeste con Argentina.

La cultura paraguaya combina elementos indígenas guaraníes y españoles. Hoy en día la población paraguaya es mayoritariamente mestiza. Sin embargo, los paraguayos han hecho un gran esfuerzo por conservar la lengua guaraní, la cual forma parte de su vida cotidiana, pues 75% de la población la habla. Aún existen grupos indígenas guaraníes distribuidos en el país. Estos grupos conservan intactas sus tradiciones, ya que tienen escaso contacto con el resto de la población.

La gastronomía paraguaya es rica y variada. Algunos platillos son los asados, la sopa paraguaya, las empanadas y las milanesas. Los paraguayos acostumbran reunirse en familia, comer un rico asado, escuchar polka y beber tereré, la bebida tradicional de este país elaborada con yerba mate, agua, hielo y cítricos.

Batido de chocolate y naranja

Rinde: 1 copa
Tiempo: 15 minutos

Ingredientes:

- 10 cucharadas de **helado de chocolate**
- jugo de 6 naranjas
- 6 cucharadas de azúcar
- 6 cucharadas de coñac

Preparación:

- Batir en la licuadora todos los ingredientes. Servir en una copa alta.

Clericó paraguayo

Rinde: 10 copas
Tiempo: 20 minutos, más 12 horas para macerar la fruta

Ingredientes:

- 1 botella de vino blanco dulce
- 1 litro de **soda** (aprox. ¼ de galón)
- 2 manzanas picadas sin cáscara
- 2 naranjas peladas en gajos
- 250 gr de uvas negras y blancas (aprox. ½ lb)
- ½ melón picado
- 250 gr de piña picada (aprox. ½ lb)
- 250 gr de azúcar (aprox. ½ lb)

Preparación:

- Macerar las frutas con el azúcar, colocar en el refrigerador por 12 horas. Pasado el tiempo de refrigeración, poner la fruta en una ponchera y agregar el resto de los ingredientes. Servir en un copa pequeña.

Golpe de energía

Rinde: 1 vaso
Tiempo: 10 minutos

Ingredientes:

- Y 1 vaso de té de guaraná frío (aprox. 8 oz)
- Y 1 copa de vino blanco frío
- Y 2 cucharadas de **miel**

Preparación:

- Colocar en un vaso alto todos los ingredientes. Mover con una cuchara hasta deshacer la miel. Servir.

Paraguay de noche

Rinde: 1 copa
Tiempo: 15 minutos

Ingredientes:

- Y 2 medidas de licor de naranja (2 oz)
- Y 1 cucharada de azúcar
- Y 4 medidas de vino blanco dulce (4 oz)
- Y 2 gotas de amargo de Angostura
- Y 4 cubos de hielo
- Y 1 espiral de cáscara de naranja

Preparación:

- Verter una medida de licor de naranja en un plato y humectar los bordes de una copa de martini. Agregar el azúcar en otro plato, escarchar la copa y reservar. En un vaso mezclador colocar el vino dulce, el licor de naranja restante, el amargo de Angostura y los cubos de hielo. Agitar y servir en la copa escarchada. Decorar con la espiral de naranja.

177

Un lujo

Rinde: 1 copa
Tiempo: 5 minutos

Ingredientes:

- ⅄ 3 medidas de coñac (3 oz)
- ⅄ gotas de jugo de **naranja amarga**
- ⅄ 3 medidas de champán frío (3 oz)

Preparación:

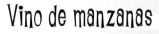 Mezclar los ingredientes en una coctelera y servir en una copa de coctel.

Vino de manzanas

Rinde: 10 copas
Tiempo: 30 minutos

Ingredientes:

- ⅄ 1 botella de vino blanco
- ⅄ 10 **caramelos con sabor canela**
- ⅄ 1 taza de **sidra de manzana**

Preparación:

En un recipiente o cazo apto para cocinar, combinar la sidra con los caramelos. Poner a fuego medio hasta que éstos se derritan. Combinar esta mezcla con el vino blanco y revolver bien. Se puede servir caliente o frío en copas de vino.

Vino de naranjas

Rinde: 10 vasos
Tiempo: 30 minutos, más 6 días de reposo

gerar nuevamente 24 horas. Colocar en una ponchera y servir frío.

Ingredientes:

- 🍸 4 naranjas grandes, cortadas en trozos
- 🍸 2 botellas de vino blanco seco
- 🍸 1 taza de coñac
- 🍸 corteza de 2 naranjas en tiras finas

Preparación:

🎲 Mezclar el vino y los trozos de naranja en un recipiente, cubrirlo con film transparente, sellar bien y refrigerar 5 días. Retirar las naranjas, añadir el azúcar y el coñac, mezclar hasta que el azúcar se disuelva. Refri-

Chicha de tamarindo

Rinde: 10 vasos
Tiempo: 40 minutos

Ingredientes:

- 2 litros de agua (aprox. ½ galón)
- 250 gr de **pulpa de tamarindo** (aprox. ½ lb)
- 3 **astillas de canela**
- 3 **clavos de olor**
- azúcar al gusto

Preparación:

- Colocar la pulpa de tamarindo, los clavos, la canela y el agua en una olla a fuego lento, hasta que hierva.

Colar y agregar azúcar al gusto. Refrigerar y servir frío.

Chicha de uvas

Rinde: 10 vasos
Tiempo: 40 minutos

Ingredientes:

- 2 litros de agua (aprox. ½ galón)
- 1 kg de uvas maceradas (aprox. 2 lb)
- 3 **astillas de canela**
- 3 **clavos de olor**
- azúcar al gusto

Preparación:

- Colocar las uvas maceradas, los clavos, la canela y el agua en una olla a fuego lento, hasta que hierva.

Colar y agregar azúcar al gusto. Refrigerar y servir frío.

Té de guaraná

Rinde: 8 vasos
Tiempo: 15 minutos

Ingredientes:

- ☖ 1 litro de agua (aprox. ¼ de gal)
- ☖ 10 semillas de guaraná molidas
- ☖ azúcar

Preparación:

- ▦ Hervir el agua, retirarla del fuego. Inmediatamente, agregar el polvo de guaraná y el azúcar. Mezclar. Se puede servir frío o caliente.

Tereré

Rinde: 1 guampa
Tiempo: 15 minutos

Ingredientes:

- ☖ yerba mate, la necesaria
- ☖ 1 **guampa**
- ☖ 1 **bombilla o pitillo**
- ☖ 1 litro de agua (aprox. ¼ de galón)
- ☖ jugo de 3 limones
- ☖ hielo en cubos
- ☖ azúcar, al gusto

Preparación:

- ▦ Colocar en una jarra el agua, el jugo de limón y la cantidad de azúcar que se quiera. Mezclar. Colocar en la guampa la yerba mate, hasta completar ¾ partes del recipiente, agregar el agua de limón previamente preparada. Está listo.

181

Y para acompañar...

Bifes a la criolla

Rinde: 4 porciones
Tiempo: 20 minutos

Ingredientes:

- 1 kg de carne apta para asador (aprox. 2 lbs)
- 4 dientes de ajo
- ½ cucharada de **ají picante**
- ½ cucharada de **pimentón**
- 1 taza de aceite
- ½ taza de **vinagre**
- sal a gusto
- 2 papas cortadas en rodajas
- 2 cebollas finamente picadas
- 2 **tomates**
- 1 **morrón** en trocitos
- 4 zanahorias en ruedas

Preparación:

Cortar la carne en bistecs o trozos de 1 cm (aprox. ½"). Machacar los dientes de ajo con el ají, el pimentón, la sal, el aceite y el vinagre. Colocar los bistecs en este adobo durante una hora. Cocinarlos en una sartén intercalando capas de papas, de carne y de vegetales. Agregar aceite y cocinar a fuego medio de 10 a 15 minutos. Servir.

Kiveve

Rinde: 4 porciones
Tiempo: 45 minutos

Ingredientes:

- Ⓨ 1 kg de **calabaza** (aprox. 2 lbs)
- Ⓨ 3 tazas de agua
- Ⓨ 2 cucharadas de aceite
- Ⓨ 1 cebolla finamente picada
- Ⓨ 1 taza de leche
- Ⓨ 1 cucharadita de sal
- Ⓨ 1 cuchara de azúcar
- Ⓨ 2 tazas de **harina de maíz**
- Ⓨ 150 gr de queso fresco (aprox. 5 oz)

Preparación:

Pelar y hervir la calabaza en 3 tazas de agua. Licuarla. Calentar en un cazo el aceite y dorar la cebolla. Agregar la leche, la calabaza licuada, azúcar, sal y harina de maíz. Cocinar revolviendo continuamente durante 10 minutos. Agregar el queso cortado en pedacitos y retirar del fuego.

183

Glosario

ají picante: hot chili pepper

astillas de canela: cinnamon sticks

bombilla o pitillo: straw used to drink mate

calabaza: pumpkin

caramelos con sabor canela: cinnamon flavored candy

clavos de olor: cloves

guampa: cup crafted from a hollowed bulls horn

harina de maíz: corn meal

helado de chocolate: chocolate ice cream

miel: honey

morrón: sweet red pepper

naranja amarga: sour orange

pimentón: paprika

sidra de manzana: apple cider

soda: club soda

tamarindo: tamarindo

tereré: cold mate tea

tomates: tomatoes

vinagre: vinegar

Perú

Historia, naturaleza y cultura son sinónimos de Perú. Tierra milenaria y cuna de la importante civilización incaica. Este mágico país posee un impresionante patrimonio arqueológico heredado de civilizaciones antiguas que es el testimonio de su arte, costumbres y ritos. La antigua capital inca en el Cuzco, la ciudad perdida de Machu Picchu, las misteriosas figuras de Nazca y las vastas ruinas de adobe de Chan Chan son solamente algunos vestigios de lo que antiguamente fue la grandeza y esplendor del pasado prehispánico. Perú se ubica en la costa oeste de Sudamérica; su capital y sede de gobierno es la ciudad de Lima. Limita al norte con Ecuador, al sur con Chile y Bolivia, al este con Brasil y al oeste con el océano Pacífico. Un elemento clave de la comida peruana es la papa, de la cual existen aproximadamente 1 400 variedades. Para los incas, civilización milenaria del Perú, la papa fue el regalo del Dios Sol a la Tierra. Fue este rico alimento el que, en 1789, se convirtió en el pan de los pobres en la hambruna que azotó a Francia; y en el siglo XIX también salvó a Irlanda. La papa es una de las aportaciones gastronómicas de Perú al mundo. Sabores y magia son los ingredientes de la comida peruana, prueba de ello es el "ceviche", que consiste en mariscos y trozos de pescado crudo marinados en jugo de limón. También cuenta con una gran variedad de frutas tropicales como la chirimoya, fruta verde dulce y pulposa; la lúcuma, una pequeña fruta marrón muy utilizada en helados y pasteles. La tuna de cactus también es un ingrediente frecuente en las cocinas peruanas. El pisco, la bebida tradicional de Perú y parte de su identidad, es un tipo de aguardiente elaborado con uva peruana. Se obtiene a partir de la destilación de los caldos frescos de la fermentación del mosto o jugo de uva. Las zonas productoras de pisco son la costa de los departamentos de Lima, Ica, Arequipa, Moquegua y los valles de Locumba, Sama y Caplina del Departamento de Tacna.

Al alba

Rinde: 1 copa
Tiempo: 10 minutos

Ingredientes:

- 1 medida de crema de menta blanca (1 oz)
- 1 medida de pisco (1 oz)
- 1 medida de jugo de limón (1 oz)
- 1 cucharada de licor de fresa

Preparación:

- Agitar vigorosamente todos los ingredientes en una coctelera. Verter el contenido en copas de coctel. Agregar lentamente el licor de fresa.

Canario

Rinde: 1 vaso
Tiempo: 5 minutos

Ingredientes:

- 1 vaso de pisco (aprox. 8 oz)
- ½ vaso de jugo de naranjas (aprox. 4 oz)
- hielo

Preparación:

- Mezclar bien los ingredientes directamente en el vaso alto en que se degustará. Añadir hielo al gusto..

Capitán

Rinde: 1 vaso
Tiempo: 5 minutos

Ingredientes:

- ½ vaso de pisco (aprox. 4 oz)
- ½ vaso de vermouth rojo (aprox. 4 oz)
- hielo

Preparación:

- Directamente en el vaso en que se degustará, mezclar bien ambos ingredientes. Añadir hielo al gusto.

Coctel de maracuyá

Rinde: 2 vasos
Tiempo: 20 minutos

Ingredientes:

- 6 **maracuyá**
- ½ taza de azúcar
- ½ taza de pisco
- agua

Preparación:

- Cortar el maracuyá en mitades, extraer la pulpa y licuarla con un poquito de agua. Colar el jugo licuado para obtener el extracto. Agregar al maracuyá licuado una cantidad de agua equivalente al volumen del extracto. Añadir el azúcar y el pisco. Revolver hasta diluir el azúcar. Al momento de servir, añadir hielo al gusto.

- Este coctel también se puede preparar sin alcohol..

Chilcano de guinda

Rinde: 1 vaso
Tiempo: 5 minutos

Ingredientes:

- 1 medida de crema de **guinda** (1 oz)
- 1 vaso de Ginger Ale (aprox. 8 oz)
- jugo de 1 limón
- 1 cereza al maraschino
- hielo en trozos

Preparación:

- Mezclar los ingredientes líquidos en un vaso alto y servir con hielo. Adornar con la cereza.

Coctel de algarrobina

Rinde: 5 vasos
Tiempo: 5 minutos

Ingredientes:

- 3 vasos de pisco (aprox. 24 oz)
- 1 vaso de **algarrobina** (aprox. 8 oz)
- 1 copa de leche condensada
- 2 yemas de huevo
- hielo en cubos
- ½ cucharada de canela en polvo

Preparación:

- Batir los ingredientes con algunos cubos de hielo y servir decorado con canela.

Cristal limeño

Rinde: 4 tarros
Tiempo: 2 horas

Ingredientes:

- ☗ 1 cerveza bien helada
- ☗ 1 cerveza negra bien helada
- ☗ 1 vaso de pisco helado (aprox. 8 oz)
- ☗ 1 bote de leche condensada (aprox. 8 oz)
- ☗ ½ cucharada de canela

Preparación:

🎲 Licuar las dos cervezas y el pisco. Incorporar lentamente la leche condensada.

🎲 Reposar en el refrigerador durante 2 horas. Antes de servir, mezclar nuevamente. Se recomienda espolvorear con canela.

Licor de cacao

Rinde: 15 vasos
Tiempo: 1 hora, más 10 a 12 días para macerar

Ingredientes:

- ☗ 250 gr de semillas de cacao (aprox. ½ lb)
- ☗ 1 botella de **pisco**
- ☗ 1 cucharadita de extracto de vainilla
- ☗ 1½ kg. de azúcar (aprox. 3 libras)
- ☗ 2 litros de agua (aprox. ½ gal)

Preparación:

🎲 Tostar el cacao en el horno a baja temperatura. Moler el cacao ya tostado y macerar con el pisco y la vainilla. Dejar reposar diez días. Agitar a diario.

Transcurridos los diez días, filtrar y agregar el azúcar disuelta en el agua. Filtrar nuevamente y embotellar.

189

Licor de albaricoque

Rinde: 20 vasos
Tiempo: 15 días

Ingredientes:

- 250 gr de albaricoques sueltos (aprox. ½ lb)
- 2 cáscaras de naranja picadas
- 250 gr.s de azúcar (aprox. ½ lb)
- 1 botella de **pisco**

Preparación:

- Colocar todos los ingredientes en un recipiente. Dejar reposar durante 15 días. Agitar bien el recipiente diariamente. Filtrar y servir.

Licor de café

Rinde: 15 vasos
Tiempo: 12 días

Ingredientes

- 125 gr de café molido grueso (aprox. ¼ lb)
- 2 botellas de aguardiente o **pisco**
- 2 cucharadas de azúcar
- 2 tazas de agua

Preparación

- Colocar el aguardiente y el café en una botella y dejar reposar por 10 días. Colar y agregar el azúcar previamente disuelta en el agua. Dejar reposar dos días más y filtrar nuevamente.

Sol y sombra

Rinde: 1 vaso
Tiempo: 5 minutos

Ingredientes

- Y 2 medidas de pisco (2 oz)
- Y 1 medida de guinda (1 oz)
- Y 2 cucharadas de jugo de limón
- Y 1 gaseosa de limón
- Y hielo

Preparación

Colocar en un vaso alto el hielo, el pisco, la guinda y el jugo de limón. Agregar al final la gaseosa de limón.

Pisco sour

Rinde: 4 copas
Tiempo: 15 minutos

Ingredientes:

- Y 2 vasos de **pisco** (aprox. 16 oz)
- Y 2 vasos de jarabe de goma o azúcar blanca (aprox. 16 oz)
- Y 4 limones peruanos
- Y 2 claras de huevo
- Y amargo de Angostura
- Y hielo en trozos
- Y canela

Preparación:

Disolver el azúcar en el pisco. Agregar el jugo de limón. Colocar la mezcla hasta la mitad del vaso de la licuadora. Añadir la clara de huevo y el hielo hasta ¾ partes del vaso. Licuar hasta disolver el hielo y servir en copa de coctel. Para obtener bastante espuma servir lentamente. Espolvorear canela sobre la espuma y adornar con dos gotas de amargo de Angostura.

Zambita

Rinde: 1 vaso
Tiempo: 5 minutos

Ingredientes:

- ½ vaso de cerveza negra (aprox. 4 oz)
- ½ vaso de **Inca Kola** (aprox. 4 oz)
- hielo

Preparación:

En un vaso alto poner tres cubos de hielo y verter la Inca Kola hasta la mitad. Agregar la cerveza negra haciendo un sifón con la botella, agitándola y tapando el pico con el dedo pulgar. Si resulta difícil, simplemente echar la cerveza negra hasta llenar el vaso.

Bebidas sin alcohol

Chicha morada

Rinde: 20 vasos
Tiempo: 4 horas

Ingredientes:

- Y 500 gr de maíz morado (aprox. 1 lb)
- Y 4 litros de agua (aprox. 1 gal)
- Y 4 guindas secas
- Y 2 limones
- Y 1 manzana
- Y 1 membrillo entero
- Y 1 varita de canela
- Y 1 taza de cáscaras de piña
- Y ½ taza de azúcar
- Y ½ cucharada de **clavos de olor**
- Y una cucharada de canela en polvo

Preparación:

🎲 Colocar el agua, el maíz morado entero, la canela, los clavos de olor, las guindas y las cáscaras de piña en una olla. Hervir hasta que el maíz comience a reventar o abrir. Colar el contenido de la olla y agregar el azúcar revolviendo hasta disolverla. Dejar que la chicha se enfríe. Antes de servir, añadir las manzanas, los membrillos finamente picados, y el jugo de limón.

Refresco de kañiwa

Rinde: 4 vasos
Tiempo: 3 horas

Ingredientes:

- Y ½ taza de **kañiwa** en grano
- Y 2 litros de agua (aprox. ½ galón)
- Y 1 manzana
- Y 1 limón
- Y 1varita de canela
- Y 1/2 taza de azúcar
- Y clavos de olor al gusto

Preparación:

Poner a hervir la kañiwa, la manzana pelada y picada, el clavo de olor y la canela, hasta que la fruta esté blanda. Retirar del fuego y reposar unos minutos hasta que esté tibia. Agregar el jugo de limón y el azúcar. Revolver. Servir caliente o frío.

Y para acompañar...

Choros a la chalaca

Rinde: 2 porciones
Tiempo: 30 minutos

Ingredientes

- 12 **choros**
- jugo de 6 limones
- 1 cebolla roja, finamente picada
- una rebanada pequeña de **rocoto**, finamente picada
- 1 cucharada de **ají amarillo**
- 1 cucharada de **perejil**
- ½ tomate picado sin semillas
- 1 **choclo** sancochado
- sal y pimienta a gusto

Preparación

Limpiar los choros retirando las barbas y la arena. Cocinarlos en abundante agua hirviendo hasta que se abran. Retirarlos y dejarlos enfriar. Acomodar en sus conchas en una fuente de mesa. Mezclar en un recipiente el rocoto, la cebolla, el medio tomate, el jugo de limón, el choclo sancochado, el perejil picado, el ají amarillo, la sal y la pimienta. Agregar el aceite y dejar reposar un par de minutos. Acomodar una porción de la salsa sobre cada choro. Al momento de servir rociar con un poco más de limón.

196

Ceviche mixto

Rinde: 8 porciones
Tiempo: 2 horas

Ingredientes:

- Y 1 kg de cualquier pescado (aprox. 2 lb)
- Y jugo de 30 limones
- Y 12 camarones
- Y 12 calamares
- Y 12 **conchas de abanico**
- Y 12 **conchas negras**
- Y 12 **choros**
- Y 150 gr de pulpo
- Y 150 gr de **pota**
- Y 1 rocote
- Y 6 cebollas
- Y 6 cucharadas de aji amarillo
- Y sal, perejil y cilantro

Preparación

- El mixto es un ceviche que combina pescado y mariscos. Los ceviches de pescado y de mariscos deben prepararse por separado.

- Mezclar la carne del pescado, el jugo de limón, el ajo, la pimienta, el cilantro, el ají amarillo y el apio. Dejar reposar 30 minutos. Cuando el jugo de limón haya cocido la carne, agregar sal al gusto. Reservar.

- Preparar el ceviche de mariscos. Mezclar todos los mariscos en una fuente con la cebolla, el cilantro y el ají. Los mariscos no deben tocar el limón sino hasta incorporar ambos ceviches, de lo contrario, tomarán un gusto amargo.

- Unir ambos ceviches revolviendo suavemente. Agregar el jugo de limón restante. Servir inmediatamente.

Glosario

aguaje: moriche palm fruit

ají amarillo: yellow chilli pepper

algarrobina (miel de algarrobo): carob syrup

amargo de Angostura: Angostura bitter

camotes: sweet potato

chancaca o panela: raw, unrefined whole sugar

choclo sancochado: boiled corn

choros: mussels

cilantro: coriander

clavo de olor: cloves

conchas de abanico: oysters shells

conchas negras: black shellfish

Inca Kola: peruvian soft drink

jarabe de goma o azúcar blanca: corn syrup

jora: yellow corn

kañiwa en grano: goosefoot grain

leche condensada: condensed milk

maíz morado: purple corn

maracuyá: passion fruit

perejil: parsley

pimienta: black pepper

pisco: liquor distilled from grapes

pota: giant squid

rocoto: chili/pepper (peruvian hot spicy chili)

Puerto Rico

Puerto Rico, también llamado "Isla del Encanto", se sitúa al noreste del Mar Caribe, al este de la República Dominicana y al oeste de las Islas Vírgenes. La cultura puertorriqueña es una mezcla de elementos taínos, africanos, españoles y estadounidenses. Todos ellos se unen para crear un estilo único de comida, música, idioma, arquitectura, arte y estilo de vida. Aunque hace más de cien años Puerto Rico se convirtió en un "estado libre asociado" con Estados Unidos, la cultura latina prevalece en la Isla del Encanto. Aquí podemos encontrar diferentes ritmos folclóricos entre los que destacan la bomba y la plena. De la música jíbara (campesina) se destacan el seis con décima y el aguinaldo jíbaro. También son importantes otros ritmos más clásicos, como la danza y la mazurca puertorriqueñas. Su gastronomía es variada y deliciosa; muestra de ello son el arroz con gandules (o guandules), los pasteles, el lechón, las morcillas, las alcapurrias y los cuajitos. Los pasteles se elaboran con masa de plátano verde, se rellenan con vísceras de cerdo y se envuelven, para su cocción, en hoja de plátano. La forma de asar el lechón a la vara propia de Puerto Rico se origina en los antiguos bucaneros del Caribe y es única en el mundo. El coquito, bebida típica del país, y el ron añaden el sabor propiamente boricua a la comida. El coquito es la imprescindible bebida de Navidad: se elabora con crema de coco, azúcar y canela, y puede llevar ron.

Coquito

Rinde: 5 vasos

Tiempo: 1 hora

Ingredientes:

- 1 taza de leche de coco o ½ taza de **crema de coco**
- 4 yemas de huevo
- 1 cucharadita de vainilla
- 1 lata de leche evaporada (aprox. 15 oz)
- 1 lata de leche condensada (aprox. 15 oz)
- 1½ tazas de ron blanco

Preparación

- Batir las yemas con el azúcar, añadir la leche evaporada y los demás ingredientes. Calentar a fuego mediano. Añadir el ron. Dejar enfriar y servir.

Coquito a la Bacardí

Rinde: 8 vasos
Tiempo: 15 minutos y 30 minutos de refrigeración

Ingredientes:

- 1 litro de leche de coco (no crema) (aprox. ¼ gal)
- 2 tazas de ron Bacardí blanco
- ½ litro de leche condensada (aprox. 16 oz)
- 4 yemas de huevo
- ½ cucharadita de **canela** en polvo
- 1 pizca de **nuez moscada**

Preparación:

- Colocar todos los ingredientes, menos la nuez moscada, en la licuadora y mezclar 5 minutos. Dejar enfriar en la nevera. Servir en vaso o copa. Agregar una pizca de nuez moscada.

Choco bar

Rinde: 1 copa
Tiempo: 5 minutos

Ingredientes:

- ⅂ 2 medidas de licor de chocolate (2 oz)
- ⅂ ½ medida de Licor 43 (½ oz)
- ⅂ 1 medida de Baileys (1 oz)

Preparación:

🎲 Colocar una cuchara pegada a la pared de una copa coctelera. Sobre la parte curva de la cuchara, verter despacio el licor de chocolate para que quede en el fondo. Con el mismo método verter el licor de vainilla y el Baileys.

Hickey

Rinde: 1 copa
Tiempo: 5 minutos

granadina para que el color varíe en la base del coctel. Si desea puede decorar con melocotón.

Ingredientes:

- ⅂ 1 ½ medidas de Midori o licor de melón (1 ½ oz)
- ⅂ 1 medida de ron con coco (1 oz)
- ⅂ ½ medida de sour mix (½ oz)
- ⅂ 2 medidas de jugo de piña (2 oz)
- ⅂ 5 gotas de granadina

Preparación:

🎲 Mezclar el Midori o el licor de melón con el ron con coco, el sour mix y el jugo de piña, verter la mezcla en copa de coctel con hielo. Añadir unas gotas de

Ponche de ron

Rinde: 5 vasos
Tiempo: 2 horas

Ingredientes:

- 1 taza de agua
- 12 **clavos de olor**
- 2 ramas de **canela**
- 1 trozo de **jengibre** fresco (de aprox. 1") pelado
- 1 lata de **crema de coco** (aprox. 15 oz)
- 1 lata de leche evaporada (aprox. 15 oz)
- 1 taza de ron
- 1 cucharada de canela en polvo

Preparación:

Hervir en un cazo a fuego medio el agua, los clavos, las ramas de canela y el jengibre. Retirar del fuego y cubrir. Refrescar durante 15 minutos. Extraer la canela, los clavos y el jengibre. Colocar la crema de coco, la leche evaporada, el ron y el agua previamente aromatizada en la licuadora. Licuar durante 30 segundos o hasta que esté bien mezclado. Refrigerar en un contenedor de cristal o en una botella al menos 2 horas. Agitar bien antes de servir en vasos de aperitivo. Rociar con canela en polvo.

Visa para un sueño

Rinde: 1 vaso
Tiempo: 10 minutos

Ingredientes:

- Ⅶ 1 medida de " Peach Schnapps" o licor de melocotón (1 oz)
- Ⅶ 1 ½ medidas de ron blanco (1 ½ oz)
- Ⅶ 3 medidas de **jugo de parcha** (3 oz)
- Ⅶ 5 gotas de granadina
- Ⅶ hielo

Preparación:

 Mezclar en una coctelera el licor de melocotón, el ron blanco y el jugo de parcha. Colocar el hielo en la coc-

telera y mezclar nuevamente. Servir en un vaso alto. Añadir unas gotas de granadina para que el coctel adquiera una tonalidad rojiza en el fondo.

Tom Collins

Rinde: 1 vaso
Tiempo: 5 minutos

Ingredientes:

- Ⅶ 1 medida de ginebra
- Ⅶ jugo de 1 limón
- Ⅶ 1 cucharadita de azúcar
- Ⅶ **soda**, cantidad necesaria
- Ⅶ una rodaja de limón o de naranja
- Ⅶ una cereza

Preparación:

En una coctelera agitar la ginebra, el limón, el azúcar y el hielo. Verter la mezcla en un vaso alto (vaso Collins).

Agregar la soda. Adornar con una rebanada de naranja, de limón o con una cereza.

Colada de mango

Rinde: 5 vasos
Tiempo: 5 minutos

Ingredientes:

- 1 lata de crema o leche de coco (aprox. 15 oz)
- 1 litro de jugo de mango (aprox. ¼ gal)
- mango en rodajas para adornar
- una cereza
- hielo

Preparación:

- Mezclar en la licuadora el jugo de mango con la crema o leche de coco y el hielo. Servir en vaso bajo acompañado de hielo. Si desea decore con trozos de mango y cereza.

Fresa colada

Rinde: 8 copas
Tiempo: 5 minutos

Ingredientes:

- 1 lata de crema o leche de coco (aprox. 15 oz)
- 1 litro de jugo de fresa (aprox. ¼ gal)
- fresas en rodajas para adornar el vaso
- 1 cereza roja
- hielo

Preparación:

- Mezclar en la licuadora el jugo de fresa con la crema o leche de coco y el hielo. Servir en copa de coctel. Adornar con fruta de su preferencia.

Piña colada virgen

Rinde: 8 vasos
Tiempo: 5 minutos

Ingredientes:

- 1 lata de crema o leche de coco (aprox. 15 oz)
- 1 litro de jugo de piña (aprox. ¼ gal)
- piña en rodajas para adornar el vaso
- 1 cereza roja
- hielo

Preparación:

Mezclar en la licuadora el jugo de piña con la crema o leche de coco y el hielo. Servir en vaso o en la propia piña vaciada y adorne con una cereza.

Y para acompañar...

Relleno de papa

Rinde: 15 porciones
Tiempo: 2 horas

Ingredientes:

- 1 kg de papas (aprox. 2 lb)
- 8 tazas de agua
- 4 cucharadas de mantequilla
- ½ cucharadita de sal
- 1 huevo
- ½ taza de **maicena**
- relleno de carne o pollo previamente preparado

Preparación:

Hervir las papas en agua con sal durante 20 minutos. Majar las papas y añadirles la mantequilla, el huevo, la maicena y la ½ cucharadita de sal. Mezclar y dejar reposar en la nevera hasta que enfríen. Dividir la mezcla de papa en 10 partes. Cubrir las palmas de la mano con maicena. Extender sobre la mano una parte de la mezcla, presionar el centro con los dedos para formar un hueco. Colocar un poco del relleno y cerrar. Para evitar que la masa de papa se pegue a las manos, cubrirlas con maicena cuantas veces sea necesario. Freír en abundante aceite vegetal hasta que los rellenos estén dorados.

Yuca al ajillo

Rinde: 10 porciones
Tiempo: 1 hora

Ingredientes:

- 250 gr de **yuca** (½ lb)
- 1 cabeza de ajo
- 16 cucharadas de aceite de maíz (aprox. 8 oz)
- ½ cucharada de sal

Preparación:

Hervir la yuca con la sal y 8 dientes de ajo a fuego moderado. Verter el exceso de agua dejando aproximadamente una pulgada de agua en el caldero. Mezclar el aceite con 6 dientes de ajo en la licuadora. Verter esta mezcla sobre la yuca mientras está caliente. Cocinar a fuego moderado por 10 minutos. Servir caliente.

Glosario

canela: cinnamon

clavos de olor: cloves

crema de coco: coconut cream

hojas de laurel: bay leaves

jengibre: ginger

jugo de parcha (maracuyá): passion fruit juice

maicena (fécula de maíz): corn starch

nuez moscada: nutmeg

soda: club soda

yuca: cassava

República Dominicana

Hermoso país caribeño que limita al norte con el océano Atlántico, al sur con el Mar Caribe, al este con el Canal de la Mona —que lo separa de Puerto Rico— y al oeste con Haití. En la cultura dominicana prevalecen costumbres y elementos europeos, africanos e indígenas, aunque estos últimos son mínimos. Su gente es alegre, cordial, solidaria. Los dominicanos tienen la simpatía y la calidez que hacen inolvidable cualquier visita a la Isla. Toda ocasión es buena para detener el auto frente al malecón, encender la radio a todo volumen y bailar al ritmo del merengue. Santo Domingo, capital del país, es una bella ciudad moderna con una zona colonial bien preservada, llena de interesantes museos como el Alcázar de Colón y el Museo de las Casas Reales.

El excelente estado de conservación de la naturaleza en playas dominicanas es reconocido a nivel mundial. Los bellos paisajes del litoral deslumbran al viajero. Destacan las famosas playas de Punta Cana y Juan Dolio al este, Samaná y Cabarete al norte.

El carnaval se celebra cada año en el mes de febrero en casi todas las ciudades y poblados. Es famoso el Carnaval de La Vega, donde los fines de semana de febrero el pueblo entero participa en una fiesta popular, en la cual música, baile y departir con los amigos son una constante. Las comparsas o grupos de baile visten disfraces y máscaras vistosas, muy ornamentados. La gastronomía dominicana es completamente "criolla". Es decir, creación propia, aunque tiene algunos elementos africanos y europeos. En la elaboración de sus platillos se utilizan carnes, mariscos, todas las variaciones del coco, una gran cantidad de vegetales, arroz y habichuelas. Algunos platillos dominicanos típicos son el sancocho, la bandera dominicana, el mangú y el puerco asado. La bebida nacional es la "mamajuana", un ron preparado con miel de abeja y hierbas que debe reposar dos meses antes de consumirse.

Aleluya

Rinde: 1 copa
Tiempo: 5 minutos

Ingredientes:

- Y 2 medidas de vodka (2 oz)

- Y 1 medida de vermouth rojo (1 oz)

- Y 1½ medidas de jugo de naranja (1½ oz)

- Y ½ medida de pisco (½ oz)

- Y hielo

Preparación:

- ✱ Agitar vigorosamente todos los ingredientes con hielo picado en una coctelera. Servir en copa coctelera.

Banana mama

Rinde: 1 vaso
Tiempo: 5 minutos

Ingredientes:

- Y 1 medida de **jarabe de piña** (1 oz)

- Y 1 medida de crema de coco (1 oz)

- Y 2 medidas de soda (2 oz)

- Y 1 medida de ron blanco (1 oz)

- Y ½ guineo (banana)

- Y 1 chorrito de granadina

- Y hielo

Preparación:

- ✱ Licuar todos los ingredientes hasta que el hielo se deshaga. Servir en un vaso alto adornado con una rodaja de piña.

Baby guineo

Rinde: 1 copa
Tiempo: 5 minutos

Ingredientes:

- ½ vaso de ron de coco (aprox. 4 oz)
- ½ vaso de licor de guineo (aprox. 4 oz)
- hielo

Preparación:

Mezclar todos los ingredientes en una coctelera. Servir en copa coctelera.

Beso de abeja

Rinde: 1 copa
Tiempo: 5 minutos

Ingredientes:

- 1 vaso de ron blanco (aprox. 8 oz)
- 1 cucharadita de limón
- 4 cucharadas de **miel de abeja**
- hielo

Preparación:

Mezclar todos los ingredientes en una coctelera. Servir con hielo picado en copas de cava.

Camaleón

Rinde: 1 vaso
Tiempo: 5 minutos

Ingredientes:

- ½ medida de ron blanco (½oz)
- ½ medida de curasao azul (½ oz)
- ½ vaso de jugo de naranja (aprox. 4 oz)
- hielo

Preparación:

Este coctel se prepara en un vaso corto con hielo. Incorporar los ingredientes uno a uno. Mezclar y servir.

Cocobanana

Rinde: 2 copas
Tiempo: 5 minutos

Preparación:

Licuar todos los ingredientes. Servir en copa coctelera.

Ingredientes:

- 1 medida de ron blanco (1 oz)
- 1 medida de crema de guineo (banana) (1 oz)
- ½ medida de amaretto (½ oz)
- ½ medida de ron de coco (½ oz)
- 3 medidas de jugo de piña (3 oz)
- 1 medida de crema de coco (1 oz)
- 2 cucharadas de helado de vainilla
- hielo

Estrellitas y duendes

Rinde: 1 vaso
Tiempo: 5 minutos

Ingredientes:

- ⅄ 3 medidas de jugo de piña (3 oz)
- ⅄ 2 medidas de licor de guavaberry (2 oz)
- ⅄ 1 medida de crema de coco (1 oz)
- ⅄ 1 pizca de **nuez moscada** rallada
- ⅄ hielo

Preparación:

🎲 Mezclar todos los ingredientes en una coctelera. Servir en copa o vaso. Para adornar, poner un poco de nuez moscada rallada.

Guavaberry

Rinde: 1 copa
Tiempo: 5 minutos

Ingredientes:

- ⅄ 1 medida de licor de guavaberry (1 oz)
- ⅄ 5 medidas de champán fría (5 oz)
- ⅄ 1 cereza para adornar

Preparación:

🎲 Verter el licor de guavaberry y la champán muy fría en copa de champán. Adornar con una cereza.

L.D. Merengue

Rinde: 1 vaso
Tiempo: 5 minutos

Ingredientes:

- 1 medida de ron dorado (1 oz)
- 1 medida de ron blanco (1 oz)
- 1 medida de jugo de piña (1 oz)
- 2 medidas de jugo de naranja (2 oz)
- ½ medida de licor de guineo (banana) (½ oz)
- 1 cucharadita de jugo de limón

Preparación:

- Mezclar todos los ingredientes en una coctelera. Servir en vaso largo. .

Mimosa de mango

Rinde: 1 copa
Tiempo: 5 minutos

Ingredientes:

- 4 medidas de champán (4 oz)
- 1 medida de concentrado de mango (1 oz)
- 1 chorrito de concentrado de fresa

Preparación:

- En un vaso mezclador combinar la champán muy fría con los concentrados de mango y de fresa. Servir en copa de champán.

Batido tropical

Rinde: 3 copas
Tiempo: 5 minutos

Ingredientes:

- ℥ ½ litro de leche (aprox. 16 oz)
- ℥ 6 **frutillas**
- ℥ 100 gramos de coco rallado (aprox. ¼ lb)
- ℥ 1 cucharadita de granadina
- ℥ azúcar al gusto
- ℥ hielo

Preparación:

- ℥ Licuar todos los ingredientes. Servir en copas muy frías.

Jugo de chinola

Rinde: 8 vasos
Tiempo: 5 minutos

Ingredientes:

- ℥ 1 kilogramo de **chinola** (aprox. 2 lbs)
- ℥ 2 litros de agua (aprox. ½ galón)
- ℥ azúcar al gusto
- ℥ hielo

Preparación:

- ⚅ Licuar las semillas de chinola con un vaso de agua y colar. En una jarra, incorporar el resto del agua. Añadir azúcar y hielo al gusto.

Jugo de lechosa

Rinde: 8 vasos
Tiempo: 5 minutos

Ingredientes:

- 1 **lechosa** grande
- 1 litro de agua (aprox. ¼ de galón)
- hielo

Preparación:

Limpiar la lechosa, quitarle semillas y partirla en cuadritos. Licuar la lechosa y el agua hasta obtener una consistencia cremosa. Servir en vaso de cristal.

Morir soñando

Rinde: 2 vasos
Tiempo: 5 minutos

Ingredientes:

- 1 vaso de jugo de naranja (aprox. 8 oz)
- 1 vaso de leche (aprox. 8 oz)
- hielo

Preparación:

Licuar los ingredientes hasta que se deshaga el hielo. Servir en vaso de cristal y tomar de inmediato.

Mangú dominicano

Rinde: 8 porciones
Tiempo: 1 hora

conseguir una pasta blanda, agregar la mantequilla y el aceite. Machacar un poco más. Listo.

Ingredientes:

- 12 **plátanos verdes** grandes
- ½ taza de mantequilla o,
- ½ taza de margarina o,
- 2 cucharadas de aceite
- agua, la necesaria

Preparación:

- Pelar los plátanos. Hervirlos en agua hasta ablandarlos. En un recipiente machacar los plátanos hasta

Pan con aguacate

Rinde: 4 porciones
Tiempo: 15 minutos

Preparación:

- Mezclar en un recipiente porciones de jamón, aguacate, ajíes y alcaparras. Agregar aceite, sal y vinagre al gusto. Rellenar el pan con la mezcla.

Ingredientes:

- 1 baguette cortada en 4
- 1 **aguacate maduro** grande cortado en cubitos
- ¼ de taza de **alcaparras**
- 4 **ajíes** (chiles) **picantes** finamente cortados
- ¼ de taza de jamón serrano cortado en tiritas
- 2 cucharadas de aceite de oliva
- **vinagre** al gusto
- sal al gusto

Glosario

aguacate maduro: ripe avocado

ajíes picantes: hot chili peppers

alcaparras: capers

canela: cinammon

chinola (maracuyá): passion fruit

frutilla: berry, strawberry

guineo: banana

habichuelas: red beans

jamón serrano: dry-cured Spanish ham

jarabe de piña: pineapple syrup

lechosa (papaya, fruta bomba): papaya

miel de abejas: honey

nuez moscada: nutmeg

plátanos verdes: green plantains

pomelo: grapefruit

soda: club soda

vinagre: vinegar

Uruguay

Ubicado en América del Sur, limita al norte y noreste con Brasil, al oeste con Argentina y al sureste con el océano Atlántico. La cultura uruguaya es resultado de la fusión de tres razas: europea (en un alto porcentaje), indígena y africana. Su figura más representativa es el "gaucho", persona que trabaja y vive en los campos uruguayos, argentinos y del sur de Brasil. El "gaucho" representa al hombre fuerte y trabajador, experto en las labores ganaderas: es la figura más importante del folclor uruguayo.

La gastronomía del país tiene gran influencia europea, sobre todo italiana y española. Su platillo principal es el asado, un tipo de carne de res llamada tira de asado, que se cocina a las brazas con leña, o en hornos especiales conocidos como parrilleros, típicos del Uruguay. Lo interesante de este platillo no es sólo su sabor, sino su significado, pues es una forma de reunir a la familia y a los amigos para pasar una buena tarde comiendo, escuchando milonga y jugando "truco", juego de cartas local. Otro elemento importante de su comida es el dulce de leche, un dulce cremoso que se agrega a galletas o pan y que también puede comerse sólo.

Entre sus bebidas típicas está el "mate", infusión hecha de una hierba de la región llamada yerba mate. Otra bebida que los uruguayos suelen consumir es la grappamiel, licor que se obtiene de la fermentación de la uva al que se le agrega un poco de miel.

Clericó

Rinde: 8 vasos
Tiempo: 5 minutos, más 2 horas de reposo

Ingredientes

- 2 manzanas
- 3 duraznos sin hueso
- ½ ananá
- 2 naranjas en trocitos
- 250 gr de uvas negras (½ lb)
- 1 botella de vino blanco
- 1 litro de jugo de naranja (aprox. ¼ de galón)
- azúcar, la necesaria

Preparación

- Incorporar las frutas en una ponchera, agregar el jugo de naranja, el vino, azúcar al gusto y hielo. Dejar reposar dos horas en el refrigerador.

Coctel de caqui

Rinde: 8 vasos
Tiempo: 15 minutos

gar el jugo de durazno, el champán, la ginebra y hielo al gusto. Servir en vaso alto.

Ingredientes

- 1 lata de **duraznos en almíbar**
- 1 lata de **ananá en almíbar**
- 1 litro de jugo de durazno
- 1 litro de champán seco (aprox. ¼ de galón)
- 4 medidas de ginebra (4 oz)

Preparación

- Licuar los duraznos, las ananá y un vaso de jugo de durazno. Colocar la mezcla en una ponchera, agre-

Coñac casero

Rinde: 15 copas
Tiempo: 5 minutos, más 15 días de reposo

Ingredientes

- 18 **ciruelas pasas** grandes
- 20 **almendras**
- 1 litro de alcohol etílico
- 1 litro de agua

Preparación

- Colocar en un frasco de boca ancha las ciruelas, la cáscara de las almendras, el alcohol y el agua. Dejar macerar durante 15 días. Colar y beber al gusto.

Cuarta dimensión

Rinde: 1 vaso
Tiempo: 5 minutos

Ingredientes

- 1 medida de ginebra (1 oz)
- 1 medida de brandy de **albaricoque** (1 oz)
- 2 medidas de jugo de ananá (2 oz)
- champán helada, la necesaria

Preparación

- Verter en un vaso alto la ginebra, el brandy y el jugo de ananá, rellenar con champán.

Lemoncello

Rinde: 1 vaso
Tiempo: 25 minutos, más 2 semanas de reposo

Ingredientes

- cáscara de 8 limones
- 1 litro de alcohol etílico (aprox. ¼ de galón)
- 1 litro de agua mineral o **agua con gas** (aprox. ¼ de galón)
- 700 gr de azúcar (aprox. 1 ½ lb)

Preparación

- Colocar en un frasco las cáscaras y el alcohol, tapar y dejar reposar una semana. Pasado el tiempo de reposo, disolver el azúcar en el agua mineral tibia, agregar el alcohol, sin las cáscaras de limón, dejar enfriar y guardar en la heladera. Esperar una semana antes de beber.

Morenita

Rinde: 1 copa
Tiempo: 5 minutos

Ingredientes

- 2 medidas de ron dorado (2 oz)
- 1 medida de **Frangelico** (1 oz)
- 1 porción de helado de chocolate

Preparación

- Verter los ingredientes en una licuadora, batir y servir en una copa de coctel.

Ponche de ananá

Rinde: 4 vasos
Tiempo: 15 minutos

Servir en vaso alto, agregar trocitos de ananá y rellenar con refresco.

Ingredientes

- 3 copas de vino jerez
- 1 copita de ron
- refresco o soda, cantidad necesaria
- 1 rodaja de **ananá**
- hielo picado, el necesario
- 2 cucharadas de **almíbar** del ananá

Preparación

- Picar la rebanada de ananá y apartar. Verter en una coctelera el vino, el ron, el hielo y el almíbar, agitar.

Sangría blanca

Rinde: 10 vasos
Tiempo:15 minutos, más 2 horas de reposo

Preparación

- Verter en una jarra el vino, las rodajas de limón y naranja, el coñac, la canela y el azúcar. Dejar reposar dos horas. Después del tiempo de reposo, agregar el hielo y agua con gas al gusto.

Ingredientes

- 2 litros de vino blanco seco (aprox. ½ galón)
- 6 rodajas de limón con cáscara
- 6 rodajas de naranja
- 1 medida de coñac (1 oz.)
- 6 cucharadas de azúcar
- 2 varitas **canela**
- ½ kg de **frutillas** (aprox. 1 lb)
- hielo y **agua con gas**

Café con leche uruguayo

Rinde: 1 taza
Tiempo: 15 minutos

Ingredientes

- 1 taza de leche
- 2 cucharaditas de café instantáneo
- 1 cucharadita de agua
- 2 cucharaditas de azúcar

Preparación

Hervir la leche. En una taza verter el café, el agua y el azúcar. Batir con una cuchara hasta que esté cremoso (color mostaza). Agregar la leche caliente, revolviendo constantemente hasta formar una espuma densa en la superficie.

Sangría sin alcohol

Rinde: 1 vaso
Tiempo: 15 minutos, más ½ hora de reposo

Ingredientes

- 2 manzanas picadas en cubos
- 2 duraznos sin hueso picados en cubos
- 250 gr de uvas rojas (aprox. ½ lb)
- ½ litro de jugo de uva (aprox. 16 oz)
- ½ litro de jugo de naranja (aprox. 16 oz)
- 1 medida de limón (1 oz)
- agua mineral, **agua con gas,** la necesaria
- hielo en cubos

Preparación

En una ponchera agregar la fruta, los jugos y el limón. Dejar reposar ½ hora en el refrigerador. Posteriormente, agregar el agua mineral, el hielo y azúcar al gusto. Servir en vaso.

Chivito

Rinde: 5 porciones
Tiempo: 30 minutos

Ingredientes:

- 5 panes de hamburguesa o similar
- 5 **filetes de ternera**
- **mayonesa,** la necesaria
- hojas de lechuga, las necesarias
- rebanadas de tomate, las necesarias
- 1 cebolla en rebanadas
- 5 tiras de **tocino**
- 2 **huevos fritos** en rebanadas
- **aceitunas** en rebanadas, las necesarias
- 2 pimientos rojos en tiras
- 5 rebanadas de jamón
- 5 rebanadas de queso mozzarella
- **papas fritas,** al gusto

Preparación:

Asar los filetes de ternera, los pimientos y el tocino. Sancochar la cebolla. En la base de los panes untar mayonesa, poner hojas de lechuga, rebanadas de tomate, de huevo duro y aceitunas. Poner en el pan la carne con la cebolla, el tocino y el pimiento, después el jamón y, por último, el queso mozzarela. Meter al horno hasta que el queso se derrita o se gratine. Tapar con la otra parte del pan y acompañar con papas fritas.

Glosario

aceitunas: olives

albaricoque: apricot

agua con gas: sparkling water

ananá (piña): pineapple

ananá en almíbar: canned pineapple

almendras: almonds

almíbar: syrup

canela: cinnamon

canela en polvo: ground cinnamon

ciruelas pasas: prunes

duraznos en almíbar: canned peaches

filetes de ternera: veal filets

Frangelico: Italian hazelnut liquor

frutillas: berries, strawberries

huevos fritos: fried eggs

jamón: ham

jugo de pomelo: grapefruit juice

lime: lima

mayonesa: mayonnaise

papas fritas: french fries

pimientos rojos: red peppers

tocino: bacon

Venezuela

Se encuentra en la parte septentrional de Sudamérica. Limita al norte con el Mar Caribe, al sur con Brasil y Colombia, al este con el océano Atlántico y Guyana y al oeste con Colombia. La vida venezolana manifiesta la convivencia de tres herencias culturales: la de los pueblos de origen africano, indígena y español. La cultura venezolana actual es el resultado de la fusión de los elementos que cada raza aportó a lo largo de la historia de este país. El nombre de Venezuela proviene de "venezziola", que significa "Pequeña Venecia", vocablo con el que Américo Vespucio describió al país al recorrer su litoral. El ponche crema, la bebida típica del país, generalmente se prepara para las fiestas navideñas. Las recetas de este ponche varían, de familia en familia y, sin duda, de región a región. La gran variedad geográfica y climática con que cuenta Venezuela permite la existencia de diversas cocinas regionales. A pesar de las variaciones regionales, la comida venezolana tiene varios elementos comunes como la panela, el maíz, las especias, el tomate, el ají, el casabe y las hallacas. El baile nacional es el "joropo", que los venezolanos bailan al ritmo de instrumentos populares, como el cuatro, el arpa y las maracas. Tanto la danza como la música se asocian al modo de vida del llanero. Por su parte, el litoral central estuvo muy influido por la cultura africana; lo que se refleja en los bailes acompañados de tambores y otros instrumentos de origen africano.

Amorcito

Rinde: 8 copas
Tiempo: 5 minutos

Ingredientes:

- Y 2 tazas de **melado grueso**
- Y unas gotas de **colorante rojo**
- Y una taza de **ron blanco**
- Y hielo

Preparación:

- 🎲 Verter en un recipiente todos los ingredientes y revolver bien. Servir en copas de coctel con hielo.

Bolívar

Rinde: 1 copa
Tiempo: 5 minutos

Ingredientes:

- Y 1 medida de ron añejo (1 oz)
- Y 1 medida de brandy (1 oz)
- Y ½ medida de jugo de limón (½ oz)
- Y 1 cucharadita de azúcar
- Y hielo

Preparación:

- 🎲 Mezclar todos los ingredientes en un vaso mezclador. Agregar hielo. Colar y servir en una copa de coctel.

Bull

Rinde: 1 vaso
Tiempo: 5 minutos

Ingredientes:

- Y ½ vaso de agua (aprox. 4 oz)
- Y jugo de 1 limón
- Y 1 botella de cerveza
- Y azúcar al gusto

Preparación:

- Verter la cerveza, el agua y el limón en un recipiente, y mezclar. Agregar azúcar al gusto. Se recomienda servir en vaso de cerveza y escarchar el borde.

Capricho

Rinde: 1 vaso
Tiempo: 5 minutos

Ingredientes:

- Y 1 medida de **ponche crema** (1 oz)
- Y ½ medida de crema de café (½ oz)
- Y ½ medida de vodka (½ oz)
- Y una pizca de **nuez moscada**

Preparación:

- Mezclar todos los ingredientes en una coctelera. Agitar vigorosamente. Servir en un vaso previamente enfriado. Adornar con una pizca de nuez moscada.

229

Destornillador

Rinde: 10 vasos
Tiempo: 5 minutos

Ingredientes:

- ½ botella de **ron blanco**
- 2 litros de jugo de naranja (½ gal)
- **rodajas de naranja**
- hielo en trozos

Preparación:

Poner el ron y el jugo de naranja en una jarra. Revolver vigorosamente. Servir en vasos altos con hielo y adornar si se desea con rodajas de naranja.

Exótico

Rinde: 1 copa
Tiempo: 5 minutos

Ingredientes:

- 1 medida de **ponche crema** (1 oz)
- ½ medida de crema de cacao (½ oz)
- 1 medida de vodka (1 oz)
- 5 o 6 gotas de limón
- hielo

Preparación:

En un vaso mezclador verter los ingredientes y mezclar. Servir en una copa de coctel.

Guajira

Rinde: 2 vasos
Tiempo: 10 minutos

Ingredientes:

- Y 1 mango
- Y 1 lata de leche condensada
- Y ½ taza de brandy
- Y 2 cucharadas de licor de menta
- Y hielo

Preparación:

- Pelar el mango, ponerlo en la licuadora. Agregar la leche condensada, el brandy y licuar. Refrigerar media hora. Agregar hielo triturado al servir.

Guarapita criolla

Rinde: 10 vasos
Tiempo: 15 minutos, más 5 horas de reposo

Ingredientes:

- Y ½ **papelón raspado** (panela)
- Y 1½ botellas de **ron blanco**
- Y 1 taza de jugo de limón
- Y una pizca de **bicarbonato de sodio**

Preparación:

- En una olla para ponche disolver el papelón en agua. Agregar el jugo de limón y el bicarbonato. Mezclar bien. Dejar en el refrigerador como mínimo 5 horas antes de servir.

Marroncito

Rinde: 1 copa
Tiempo: 5 minutos

Ingredientes:

- 🍸 1 medida de **ponche crema** (1 oz)
- 🍸 1 medida de crema de café (1 oz)
- 🍸 ½ medida de brandy español (½ oz)
- 🍸 hielo

Preparación:

🎲 Poner los ingredientes en un vaso mezclador. Agitar vigorosamente. Servir en una copa de coctel con hielo.

Ponche Crema

Rinde: 10 vasos
Tiempo: 3 horas
El ponche crema es la bebida típica navideña de Venezuela

Ingredientes:

- Y 2 latas de leche condensada
- Y ½ litro de leche pasteurizada (aprox. 16 oz)
- Y 2 claras de huevo
- Y 4 yemas de huevo
- Y 1 litro de leche (aprox. ¼ gal)
- Y 5 gotas de esencia de vainilla
- Y ralladura de 1 limón
- Y 1 pizca de **nuez moscada**
- Y 1 litro de ron (aprox. ¼ de galón)

Preparación:

Batir las claras a punto de nieve. Agregar las yemas poco a poco. Sin dejar de batir, añadir lentamente la leche condensada, la leche pasteurizada, la vainilla, el limón y, por último, el ron. Verificar que tenga el gusto deseado; si se considera necesario, agregar más ron o más leche, según sea el caso. Si se desea obtener un ponche más espeso, hervir la leche con dos cucharadas de maicena (fécula de maíz). Dejar enfriar al menos dos horas antes de servir.

Tropical naranja

Rinde: 1 copa
Tiempo: 5 minutos

Ingredientes:

-  2 medidas de **ponche crema** (2 oz)
- ᴹ 1 medida de jugo de naranja (1 oz)
- ᴹ hielo

Preparación:

- 🎲 Mezclar los ingredientes en una coctelera. Servir en un vaso de coctel.

Tropical piña

Rinde: 1 copa
Tiempo: 5 minutos

Ingredientes:

- ᴹ 2 medidas de **ponche crema** (2 oz)
- ᴹ 1 medida de jugo de piña (1 oz)
- ᴹ hielo picado

Preparación:

- 🎲 Mezclar los ingredientes en una coctelera. Servir en una copa de coctel.

Tetero

Rinde: 1 copa
Tiempo: 5 minutos

Ingredientes:

- Y 2 medidas de **ponche crema** (2 oz)

- Y 1 medida de granadina (1 oz)

- Y hielo

Preparación:

- Poner los ingredientes en el orden indicado en una copa de coctel. No revolver.

235

Batido de guayaba y cambur

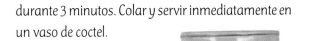

Rinde: 5 vasos
Tiempo: 10 minutos

durante 3 minutos. Colar y servir inmediatamente en un vaso de coctel.

Ingredientes:

Y 3 **cambures maduros**

Y 5 **guayabas** grandes

Y 3 cucharadas de azúcar

Y 3 tazas de agua

Y 3 cucharadas de jugo de limón

Y hielo

Preparación:

🎲 Colocar todos los ingredientes en la licuadora. Licuar

Carato de guanábana

Rinde: 4 vasos
Tiempo: 10 minutos

Ingredientes:

Y 1 **guanábana** grande, madura

Y azúcar al gusto

Y 2 tazas de agua

Preparación:

🎲 Colocar en la licuadora la pulpa de guanábana sin semillas y añadir el azúcar. A velocidad baja, licuar la pulpa con el agua. Añadir más azúcar si es necesario. Colar y mantener refrigerado hasta el momento de servir.

Jugo de tamarindo

Rinde: 8 vasos
Tiempo: 5 minutos

Ingredientes:

- ½ taza de **pulpa de tamarindo**
- 5 tazas de agua
- azúcar al gusto
- hielo

Preparación:

Colocar en la licuadora la pulpa de tamarindo, el agua y el azúcar. Licuar a velocidad normal hasta lograr una consistencia homogénea. Servir con hielo.

Sorbete de mango

Rinde: 5 vasos
Tiempo: 20 minutos

gradualmente. Mezclar con el jugo de mango y licuar durante 2 minutos. Enfriar y servir en un vaso alto.

Ingredientes:

- 2 tazas de **pulpa de mango**
- 2 cucharadas de jugo de limón
- 4 tazas de agua fría
- 1 clara de huevo
- 4 cucharadas de azúcar

Preparación:

Colocar en la licuadora el mango, el jugo de limón y el agua. Licuar durante 3 minutos. Batir la clara de huevo a punto de nieve o turrón, agregar el azúcar

237

Sorbete de naranja y cambur

Rinde: 8 vasos
Tiempo: 10 minutos

Agregar el jugo de limón, la esencia de vainilla y el azúcar. Licuar a velocidad baja. Refrigerar y servir bien frío.

Ingredientes:

- Y 4 vasos de jugo de naranja (¼ gal)
- Y 3 **cambures maduros**
- Y 1 cucharadita de jugo de limón
- Y 1 cucharadita de esencia de vainilla
- Y azúcar

Preparación:

🎲 Colocar en la licuadora el jugo de naranja y los cambures cortados en trozos. Licuar durante 4 minutos.

Tequeños

Rinde: 10 porciones
Tiempo: 2 horas

Ingredientes:

- 2 tazas de harina de trigo
- 5 cucharadas de mantequilla
- 1 huevo
- ½ cucharadita de sal
- 2 cucharadas de azúcar
- 5 cucharadas de agua fría
- 500 gr de **queso blanco semiduro**, cortado en tiras largas de 5 x 1 cm (aprox. 1 lb)
- abundante aceite de maíz
- papel absorbente

Preparación:

- Disponer la harina en forma de corona sobre una mesa o sobre un tablón limpio y seco. Colocar en el centro la mantequilla y el huevo. Disolver la sal y el azúcar en el agua. Agregando paulatinamente el agua, formar una masa que quede suave y uniforme. La masa está lista cuando no se pega a los dedos.

- Extender la masa con un rodillo hasta que tenga aprox. ½ cm de espesor (aprox. 1/8"). Cortar la masa en tiras de 1.5 cm (aprox. ¼"). Enrollar los trozos de queso de extremo a extremo cuidando que queden bien cubiertos.

- En un caldero con abundante aceite, freír los tequeños a fuego medio hasta que se doren.

- Retirar con una espumadera. Colocar sobre papel absorbente para eliminar el exceso de grasa.

Guasacaca

Rinde: 4 porciones
Tiempo: 5 minutos

Ingredientes:

- 1 aguacate (avocado) picado
- 1 cebolla
- jugo de 1 limón
- pimentón verde
- 2 ramitas de perejil
- aceite
- sal y pimienta al gusto

Preparación:

- Mezclar todos los ingredientes en la licuadora o en un procesador de alimentos hasta que se forme una salsa espesa. El limón previene la oxidación de la salsa.

Glosario

bicarbonato de sodio: baking soda

cambures maduros: ripe bananas

carato: Venezuelan word for pulp

colorante rojo: red dye

guayaba: guava

guanábana: Brazilian pawpaw, soursop, prickly custard apple, soursapi

melado grueso: molasses or syrup

nuez moscada: nutmeg

papelón raspado (panela): raw, unrefined whole sugar, shredded

pasapalos: appetizer, hors d'ouvres

ponche crema: cream-based liqueur (similar to eggnog)

pulpa de mango: mango pulp

pulpa de tamarindo: tamarind pulp

queso blanco semiduro: semi-hard white cheese

rodajas de naranja: orange slices

ron blanco: white rum

tequeño: deep-fried bread dough with white cheese in the center